LA
MUSE DES FAMILLES

LA MUSE DES FAMILLES

JOURNAL BI-MENSUEL

RECUEIL DE VERS INÉDITS DES POÈTES CONTEMPORAINS

Orné de vingt-quatre gravures

Publié par CLAUDIUS FRAMINET, éditeur.

... .Quand nous voyons autour de nous s'étendre le dédain et l'abandon des choses de l'esprit, n'avons-nous pas à regretter même le bel esprit et les petits vers du XVIIIe siècle ?

FRANCISQUE BOUILLIER.
Discours prononcé à l'Académie de Lyon
le 3 février 1857.

DEUXIÈME ANNÉE.

LYON
IMPRIMERIE D'AIMÉ VINGTRINIER,
Quai Saint-Antoine, 36.

1858.
Tous droits réservés.

LA
MUSE DES FAMILLES

LES ASPIRATIONS.

Aux collaborateurs de *la Muse des Familles*.

> L'homme ne vit pas seulement de pain !!!
> (Saint-Matthieu, chap. IV.)

Oh ! non, — pour acquérir le noble droit de vivre,
Non ! — nous ne devons pas nous borner à poursuivre
Le vulgaire bonheur des biens matériels !...
Pour de plus hauts destins Dieu créa les mortels.....

L'homme,— fils de la Nuit,— né d'un grain de poussière,
Est fait pour s'approcher toujours de la lumière !
..... Il est grand ! — Des hauteurs du céleste séjour
Dieu l'a fait immortel par un besoin d'amour !...
Un cœur bat dans son sein : — Il voit, il sent, il pense !...
Sur son front est gravé le mot : — INTELLIGENCE !.....
Il peut faire le bien, — il est beau de le voir
Consacrer tous les jours au culte du devoir...
Son pied touche le sol, — mais son regard s'élève
Au ciel où tout commence,— au ciel où tout s'achève !...
Eh bien ! — de nos destins sachons donc la grandeur !
Ne laissons point s'éteindre, au fond de notre cœur,
Le feu pur et sacré qui le brûle et l'anime !...
A nos œuvres, toujours, — donnons un but sublime,
Puisqu'il ne suffit pas, — Dieu lui-même l'a dit, —
De nourrir notre corps, — mais plutôt notre esprit !...
Et que l'amour du vrai, que la pensée emporte
Vers le beau, vers le bien, cette jeunesse forte,
Fière d'appartenir à notre beau pays,
Qui de lauriers de gloire a couronné ses fils !...

... Qu'on la voie aujourd'hui, — notre belle jeunesse —
Comme on vit autrefois les enfants de la Grèce, —
Dans de vastes jardins, — sous des dômes de fleurs,
Aux eaux de la science ils abreuvaient leurs cœurs...—
Elle aussi, qu'elle puise à la source bénie !
Qu'on entende sa voix, — pleine de l'harmonie
Qui fait notre langage et si pur et si fort, —

S'élever pour chanter, dans un noble transport,
Les hautes vérités que Dieu nous fit connaître,
Et les humbles vertus qui se cachent peut-être !...
... Mais aussi puisse-t-elle à jamais les flétrir
Tous ceux à qui la gloire a promis l'avenir,
Et qui souillent, hélas ! — qui traînent dans la fange
Les immortels lauriers que leur donnait cet ange !...

— Mais vous qui comprenez, — vous qui n'oubliez pas
Pour quelle mission nous sommes ici-bas,
Qui fondez aujourd'hui la *Muse des Familles*
Où l'esprit se lira sous toutes les charmilles, —
Oh ! nous vous saluons !... Votre noble cité,
Verra grandir par vous son immortalité !...
Vous cherchez le Progrès, — vous cherchez la Lumière,
Sans crainte, oh ! parcourez l'arène littéraire !...
Allez ! — Il est encor bien des fleurs à cueillir,
Dans le chemin que tous — nous devons parcourir !...
Sous les débris du Temps, — les feuilles desséchées, —
Vous trouverez encor bien des perles cachées !...
Allez ! — Et dérobez aux fougueux aquilons
Tous les épis dorés laissés dans les sillons !...
Nous vous applaudissons, — et la *Muse* naissante,
Chaque jour deviendra plus forte et plus puissante.....
Quand, plus tard, — de la *Muse*, — en franchissant le
Vous sentirez, en vous, un légitime orgueil... [seuil,
Peut-être ouvrirez-vous le Temple de Mémoire,
Au Génie inconnu que délaissait la Gloire.

Vous verrez par vos soins s'élever dans les airs
L'arbre de la science aux rameaux toujours verts...
Le lecteur fatigué pourra sous son ombrage
Quelquefois oublier les douleurs du voyage !
Il cueillera son fruit et si pur et si doux, —
Puis, en le savourant, il dira : — Gloire à vous.....

Vicomte de Charny.
(K. de R.)

NOEL !

SONNET.

Christus natus est nobis.

Noël ! chantons l'enfant qui naît dans une étable ;
Célébrons Jéhovah qui nous donne un Sauveur,
Des célestes décrets l'ordre est invariable ;
Esclaves affranchis, rendez grâce au Seigneur.

Noel ! voici le temps de la loi véritable ;
La terre a tressailli de joie et de bonheur.
Peuples ! c'est là le Christ, et son bras redoutable
Doit combattre pour vous et terrasser l'erreur !

Noël ! des saints parvis inondez les portiques,
O filles de Sion ! que vos pieux cantiques
Montent avec l'encens aux pieds de l'Éternel.

Noël ! béni soit Dieu dans le séjour des anges !
Au divin rédempteur amour, gloire et louanges !
Jésus ! à ton berceau, nous répétons : Noël !

Charles Devert.

CHANT D'HIVER.

Frères, voici les jours où la misère
Est plus cruelle aux éprouvés de Dieu ;
Où le soleil, moins ardent pour la terre,
Dit de songer aux malheureux sans feu...

Puisqu'ici bas, dans notre vie amère,
Il en est tant de plus pauvres que nous,
Donnons ! le bien est si facile à faire,
Et le plaisir après semble si doux !

La charité fait que Dieu nous pardonne ;
Tout se rachète avec la charité ;
Le Christ a dit : — Le verre d'eau qu'on donne
Comme un bienfait là-haut sera compté.

Un peu de pain peut prévenir un crime,
Sauver un front d'un opprobre éternel ;
Croyons-le bien, pour que tout nous anime,
Il faut aider à la bonté du ciel.

On est plus grand devant Dieu notre père,
En se privant pour soulager un peu,
Qu'en conquérant la moitié de la terre !
— La charité, c'est l'épouse de Dieu !

Édouard Plouvier.

LES RIDES INVISIBLES.

SONNET.

A Rosalbe.

Des ans que tu rends courts que t'importe l'essor ?
Ce qui me charme en toi jamais ne s'étiole :
Ton âme, qui se peint sur tes traits, ma créole,
En est l'ineffaçable et ravissant décor.

Quand le prêtre à ton doigt mit l'alliance d'or,
Il rayonnait, ton front, sous la sainte coupole ;
Et, près du cher enfant, ton portrait, notre idole,
Je te vois aujourd'hui plus radieuse encor.

Laisse les printemps fuir, car, te connaissant toute,
Un anneau, chaque année, à ma chaîne s'ajoute
Pour fixer mon amour jusqu'aux derniers hivers.

Tel le lierre, embrassant l'arbre au jeune ou vieil âge,
En tout temps, soit que naisse ou tombe le feuillage,
Déroule, à l'infini, ses rameaux toujours verts.

Prosper Delamare.

ÉPITAPHE POUR UNE PETITE FILLE.

Si Dieu, sans qui l'âme succombe,
Oubliant les pleurs maternels,
Près du berceau plaça la tombe,
Unique asile des mortels ;

Pauvre fleur, qui venais d'éclore,
S'il t'a ravie à notre amour,
C'est qu'il manquait sans doute encore
Un ange au céleste séjour !

Léon Gontier.

L'ANTICHAMBRE DE LA MORT.
CONTE PHILOSOPHIQUE.

Trois hommes attendaient au seuil de l'antichambre,
Trois vieillards dont le temps avait voûté le dos ;
Lorsque la Mort, au souffle âpre comme décembre,
Fit son entrée... avec un sec cliquetis d'os.

La Mort, sous mille aspects, à nos yeux se présente :
L'un y voit le néant, l'autre y voit le salut ;
La Mort, c'est le retour à la patrie absente ;
C'est l'enfer ou le ciel, c'est l'abîme ou le but.

La Mort, pour nos vieillards à figure livide,
La Mort — ce créancier à qui l'univers doit, —
Était un long squelette, au crâne osseux et vide....
Ses yeux étaient des trous où l'on eût mis le doigt.

Le premier des trois vieux, d'une voix aigre et fausse,
Où perçait toutefois un accent convaincu,
Murmura : Pourquoi donc creuser sitôt ma fosse ?
O Mort ! suspends tes coups... à peine ai-je vécu !
— Trente ans du dernier siècle et cinquante ans du
nôtre. —
Pitié ! — dit le second, — pitié ! — dit l'autre aussi.

— L'heure sonne... écoutez... si cette heure est la vôtre,
Plus d'espoir ! n'attendez ni retard, ni merci.

A ce moment passa par l'antichambre sombre,
Le front joyeux, l'air brave et l'œil épanoui,
Un jeune homme, un enfant riche de jours sans nombre.
Suis moi, lui dit la Mort...
      — L'enfant répondit : Oui.
Car tout homme, à vingt ans, prodigue avec folie
La jeunesse et ses jours à tout péril offert,
On marche... et plus on va, plus on tient à la vie...

Pour bien aimer la vie il faut avoir souffert.

Alexandre FLAN.

JEAN ET MARTIN.

Un beau jour petit Jean s'était mis dans la tête
Que le ciel en naissant l'avait formé poète.
Du matin jusqu'au soir il composait des vers,
Qui boitaient, se heurtaient, marchaient tout de travers :
Car, césure, hiatus, consonnes et voyelles,
Et des règles de l'art toutes les kyrielles
Étaient un vrai secret pour notre rimailleur
Que n'arrêtait jamais la voix du critiqueur !

Dès qu'il avait fini sa chanson, sa ballade,
Il s'en allait trouver son plus cher camarade,
  Et le savant Martin
S'écriait : C'est charmant, c'est superbe, divin !

Je disais, en cachant mon plus malin sourire :
Un sot trouve toujours un plus sot qui l'admire !

Clotilde JANTET.

LA PENDULE.

Sur un marbre royal posait une pendule,
    D'un mécanisme sans pareil,
Dont l'aiguille marquait la marche du soleil.
    Mais avait-elle un timbre somnambule?....
    Car bien souvent le bruyant étourdi,
Qui, du temps jalonné sonnait les intervalles,
    Vibrait, aux heures matinales,
    Les sonores coups de midi.
    On eût dit qu'une humeur lutine,
  Dans les accès d'une fièvre intestine,
Jouait et s'agitait au sein du mouvement;
Ou qu'un ressort taquin détraquait méchamment
    Sa discordante sonnerie.
    Nonobstant cette espièglerie,
  Qui dérangeait le palpitant airain,
    Toujours les deux flèches dorées
Suivaient à pas comptés leur fidèle chemin,
Et fixaient sur l'émail les heures égarées,
    Dans un ordre certain.

    Inconséquence de la vie,
    De plus d'un mortel ici-bas !
    Dont la bonne conduite, hélas !
    Par la parole est démentie.
Regardez-les agir, s'il vous en prend envie,
  Mais, croyez-moi, *ne les écoutez pas*.

L. BERLOT-CHAPUIT.

LA CLOCHE DU SOIR.

Hélas ! j'ai dans le cœur une douleur profonde !
(Théophile GAUTHIER).

Lorsque j'entends dans la campagne
Où, rêveur, je viens de m'asseoir,
Tinter une cloche, le soir,
Soudain la tristesse me gagne.

Comme en songe, s'offrent à moi
Tous ceux que j'ai perdus sur terre,
Où sont-ils ? — Hélas ! ce mystère
Me cause un indicible émoi.

Compagnons de mon premier âge
Qui cherchiez, par votre air joyeux,
A chasser cet air sérieux
Toujours empreint sur mon visage,

Il a fallu vous dire adieu.
Bien plus ! je dus, — tristesse amère ! —
A dix-huit ans pleurer ma mère
Qu'à ses côtés appelait Dieu !

D'autres s'en sont allés encore,
Malgré mes cris et mes douleurs :
Le destin voulut, dans les pleurs,
Tremper ma vie à son aurore.

Déjà j'ai connu bien des maux,
J'ai déjà versé bien des larmes,

Et pour exprimer mes alarmes,
La langue est trop pauvre de mots.

En moi, cette cloche qui tinte
Evoque un douloureux passé
Et soudain mon sang s'est glacé
Aux accents de la cloche sainte.

C'est qu'hélas ! lorque je perdis
Mes amis, mes parents, ma mère,
En ces heures d'angoisse amère,
Ce même son, je l'entendis !

Chaque coup vibre dans mon âme
Et semble me dire : « Gémis !
« Ta mère n'est plus. Tes amis,
« Un par un, la mort les réclame !

« Tu les verras tous au linceul,
« Toute amour te sera ravie
« Et, jeune encore, en cette vie,
« A jamais tu resteras seul ! »

Chaque tintement me rappelle,
Dieu puissant ! ce que j'ai souffert
Quand devant mes yeux s'est offert
Le spectre de la mort cruelle.

Cloches qui sonnez l'angélus,
Prenez pitié de ma souffrance ;
Cloches, apportez l'espérance
A mon cœur, ou ne sonnez plus !...

Mais voici qu'en mon âme cesse
Le trouble, et même le regret.
Mon œil est sec, et l'on dirait
Que mon cœur n'a plus de tristesse !

Par quel prodige !... En ce moment,
La cloche, en son nouveau langage,
Semble me dire : « Du courage,
« Bientôt finira ton tourment !

« Regarde la céleste voûte.
« Ta mère, tes amis sont là
« Près de Dieu qui les appela,
« Et, comme eux, le Seigneur t'écoute.

« Il prendra tes maux en pitié,
« Ou, sur la terre s'il te laisse,
« A ton cœur fait pour la tendresse,
« Il rendra l'amour, l'amitié.

« Plus de soupirs ! plus de souffrance,
Ajoute la cloche du soir,
« En ces lieux viens souvent t'asseoir,
« Tu retrouveras l'espérance ! »

Ernest Gebaüer.

MES BOEUFS SI FORTS !

CHANT RUSTIQUE.

Quand le printemps reverdit le feuillage,
Dès qu'au matin l'oiseau redit ses chants
Le soc en main guidant mon attelage,
Avec ardeur je cultive mes champs.
Pour labourer ces campagnes fertiles,
Mes bœufs jamais n'ont besoin d'aiguillon,
Ma voix commande, et, serviteurs dociles,
Ils vont traçant le pénible sillon.

Partout l'on vante le commerce,
Comme la source des trésors,

Pour moi, je préfère ma herse,
Ma charrue et mes bœufs si forts !
Si forts ! si forts !

Que leur allure est belle et vigoureuse !
Comme le sol sous leurs pas s'aplanit.
Sur les coteaux, à la pente argileuse,
Je puis semer le grain que Dieu bénit.
Par leurs naseaux, où ruisselle l'écume,
On voit l'ardeur dont ils sont animés ;
A la fatigue, à la pluie, à la brume,
Au froid, au chaud ils sont accoutumés.

Partout l'on vante le commerce,
Comme la source des trésors,
Pour moi, je préfère ma herse,
Ma charrue et mes bœufs si forts !
Si forts ! si forts !

Lorsque le soir d'une clarté rougeâtre
Teint l'horizon des derniers feux du jour,
Lorsque la flûte ou les pipeaux du pâtre
Font retentir les vallons d'alentour,
Je vais goûter dans mon humble chaumière
Un doux repos : le travail est fini ;
Et de mes bœufs l'étable hospitalière
A constamment son ratelier garni.

Partout l'on vante le commerce,
Comme la source des trésors,
Pour moi, je préfère ma herse,
Ma charrue et mes bœufs si forts !
Si forts ! si forts !

Vous qui vivez au sein de la richesse,
Tous les plaisirs ont émoussé vos sens ;
Mais cet ennui qui vous poursuit sans cesse
Est inconnu parmi les paysans.
A votre sort loin de porter envie,
Loin de rêver un plus brillant destin,
A mon labeur je consacre ma vie,
Bénissant Dieu qui me donne du pain.

 Partout l'on vante le commerce,
 Comme la source des trésors,
 Pour moi, je préfère ma herse,
 Ma charrue et mes bœufs si forts !
  Si forts ! si forts !

E. Darmet.

LE MALHEUR.

à M. A. C.

Le malheur nous régénère,
Nous que le doute énerva :
Du Dieu fort et débonnaire
Obstiné missionnaire,
Par tout l'univers il va.

Point de trêves, point de sommes
Pour ce dur réformateur ;
Sur l'ample globe où nous sommes
Il ira, tant que les hommes
Oublîront leur créateur ;

Tant qu'orgueilleux de mérites
Vains ou qu'ils n'ont jamais eus,
Ils traiteront en proscrites
Les saintes vertus écrites
Avec le sang de Jésus.

Qu'on le brave ou qu'on le craigne,
Il paraît à son moment ;
Le temps n'use pas son règne,
Et chaque siècle s'imprègne
De son profond rudiment.

Sachons voir en lui la preuve
De l'amour du Tout-Puissant !
Oui, tout mortel qui s'abreuve
Longtemps au puits de l'épreuve
Où chacun de nous descend,

Humblement s'il se résigne,
Du péché s'il ne veut plus,
Dans le ciel où Dieu l'assigne,
Boira, privilége insigne,
A la coupe des élus.

Celui que le vol de l'heure
Ne trouble pas en secret,
Que pas un souci n'effleure,
En qui la brise qui pleure
N'éveille pas un regret,

Et qui, grossier ver de terre,
N'a jamais été vaincu
Par la douleur salutaire,
Ignorant du grand mystère,
Celui-là n'a pas vécu.

Heureux l'homme que réclame
Le joug pesant du chagrin !
La joie est rapide flamme ;
Partout les pleurs sont à l'âme
Ce que la pluie est au grain.

Le Seigneur aime et seconde
Les affligés à genoux ;
Toute souffrance est féconde :
C'est une divine sonde
Qui cherche le bien en nous.

Triste avant la saison mûre,
Qui mieux que vous sait cela,
Vous, pauvre arbre sans ramure,
Que le torrent qui murmure
Avec fureur harcela ;

Vous, qu'un précoce veuvage
Détruit lambeaux par lambeaux ;
Vous dont, sur l'humain rivage
Que la vieille mort ravage,
Le pied heurte trois tombeaux ;

Sur une cîme élevée,
Joyeux, vous aviez porté
Et la mère et la couvée ;
Mais la trombe est arrivée,
Et seul vous êtes resté.

Oh ! fatidique tourmente,
Vide affreux, regret vainqueur !
Regret que le temps augmente,
Et qui toujours se lamente
Dans le fond de votre cœur !

Ami, quoique poursuivie
Du plus cruel souvenir,
Votre solitaire vie
Est bien digne qu'on l'envie :
Vous vivez pour l'avenir.

Si l'essor de vos beaux rêves
Eût été plus soutenu,
En deuil de fêtes si brêves,
Sur les poétiques grêves,
Dites, seriez-vous venu ?

Sans le rude apprentissage
Que vous avez supporté,
Auriez-vous appris, cher sage,
Que la terre est le passage
Et le but, l'éternité :

Fuyant la tourbe méchante,
Auriez-vous, époux constant,
Avec une foi touchante,
Regardé les cieux où chante
Celle qui vous aima tant?

L'humanité ne souhaite
De Dieu l'austère entretien
Qu'alors qu'elle est inquiète :
Le malheur vous fit poète,
Le malheur vous fit chrétien.

Poète à la voix savante,
Chrétien rempli d'onction,
Pleurant à vos vers qu'on vante,
Toute une foule fervente
Bénit votre affliction.

Paul Juillerat.

L'ARAIGNÉE ET LE VER-A-SOIE.

FABLE.

Il faut plus d'esprit qu'on ne croit,
Pour se croire soi-même un mince personnage,
A l'estime d'autrui chacun veut avoir droit,
Le plus fou, sur ce point, peut être le plus sage.

Si bien, qu'une araignée, un jour, se lamentait
De voir, chaque matin, balayer son ouvrage,
Qu'avec tant d'art elle ourdissait.

O Palas! ô ma sœur, écoute-moi, dit-elle,
Pourquoi mon fil si doux et ma toile si belle
    Ont-ils un si cruel destin ?
Tandis qu'un ver-à-soie, un vil insecte, enfin,
Se voit partout choyé par la foule ignorante ;
Pourtant son fil grossier peut-il valoir le mien ?
Alors le ver-à-soie écoutait l'impudente :
C'est vrai, répondit-il, que vous filez très-bien ;
    Mais votre fil ne sert à rien.

  Pour obtenir une gloire éclatante,
Se rendre utile à tous, c'est l'unique moyen.

LANGE.
Curé de Pellegrue (Gironde).

A MONSIEUR ABEL DE PUJOL,

Après avoir vu son tableau : le Vieillard et ses Enfants.

I.

Merci de nous avoir montré
L'éloquente et sublime page,
Où, philosophe instruit par l'âge,
Ce vieillard au front vénéré
Unit, au précepte du sage,
L'exemple du père inspiré.

Qu'on vante le dessin correct ;
Que l'on s'étudie à décrire
Style, couleur... Et qu'on admire
Votre tableau sous chaque aspect ;
Moi, je dis : Ce vieillard respire,
Et je m'incline avec respect.

Il fallait le pinceau que votre œil aime à suivre
Pour traduire la fable et faire ressembler
  Ce vieillard à celui du livre.
  . . . .
  La Fontaine le fit parler,
  Vous, Monsieur, vous le faites vivre.

II.

J'aime les trois enfants sur la droite groupés,
Diversement pensifs, mais tous trois occupés
De ce dard qui se brise au genou de leur père ;
J'aime le vieux portique où la lumière croît,
Et la mère à ses fils montrant avec le doigt
La Concorde debout sur un socle de pierre.

Et vous voulez priver d'un chef-d'œuvre nouveau
Notre Exposition, veuve de tout vrai maître !
  Que deviendra le beau ?
Si vous vous récusez, vous des arts le grand-prêtre,
Vous qui vous survivrez au-delà du tombeau !

III.

Vous craignez la critique injuste en son langage ;
Laissez les impuissants que l'envie encourage,
Passer sur votre toile et l'obscurcir un peu.

Qu'un nuage, un instant, efface le ciel bleu,
L'azur est plus limpide, alors qu'il se dégage,
Et le soleil plus beau, brille d'un plus beau feu.

IV.

N'avez-vous pas, d'ailleurs, vous, le grand prix de Rome,
Pour répondre au profane en ses égarements,
Plus d'œuvres qu'il n'en faut pour illustrer un homme ?

Votre gloire est écrite à tous nos monuments :

« *Le plafond de la Bourse,* » impérissable fresque,
Qui vers l'admirateur semble descendre presque.
« *Le plafond du Musée,* » où d'éternels regards
Dans votre œuvre liront : « *Renaissance des arts.* » —
« *Britannicus mourant.* » — « *Clovis,* avec le chrème,
Des mains de saint Rémi *recevant le baptême.* »
« *Saint Étienne prêchant la foi.* » — « *Germanicus
Trouvant les ossements des soldats de Varus.* » —

« *Joseph sauvant l'Égypte...* » Et combien d'autres pages
Qui grandiront encor dans le lointain des âges,
Combien d'autres tableaux, que vous oubliez tous,
Mais dont la France est fière et se souvient pour vous.

Alexandre FLAN.

MES EXCUSES AUPRÈS DE CES DAMES (1).

(Fragment d'une satire inédite).

Mesdames, si jamais aux ordres de l'esprit
Pour nous vous voulez mettre un gracieux crédit,
On ne me verra plus verser mon écritoire
Sur les nombreux volants de vos robes de moire.
Ma lourde patte d'ours, en une blanche main,
Changera le calus de son vieux parchemin,
Et ma plume, absorbant une encre parfumée,
De vers en votre honneur alignera l'armée.
Vous ne m'écoutez pas et, prêchant au désert,
Je crois bien que mon temps se prodigue et se perd.
Que dis-je ? c'est bien pis ; ma verve indépendante
Devient de plus en plus circonstance aggravante.
Voilà pourquoi j'ai beau me prosterner bien bas,
Vous passez fièrement et ne saluez pas ;
Mais, cultivant encor la vieille politesse,
Je vous ferai, quand même, un salut qui vous blesse,

---

(1) Voir dans le volume précédent les diverses pièces insérées par l'auteur, qui s'est permis de critiquer les modes contemporaines.

Et, mesurant des yeux la jupe en éventail,
Ma raison vous plaindra de ce vaste attirail,
Qui semble nous prouver que vous êtes forcées
D'égaler en grosseur d'informes cétacées.

En effet, croyez-moi, je suis de vos amis,
Et si je vous parais gravement compromis,
C'est que ma voix voudrait, dominant dans l'espace,
Du corps et de l'esprit ressusciter la grâce.
Vous ne vous doutez pas que je combats surtout,
Vieux chevalier courtois, en faveur du bon goût.
Pouvez-vous bien subir cet usage barbare
Qui, donnant si souvent la victoire au cigare,
Impose aux beaux messieurs l'impertinent devoir
De quitter le salon, pour un puant fumoir ?
Progressant chaque jour d'un pas dans le sans-gêne
De toute retenue ils briseront la chaîne,
Et peut-être bientôt leur cigare vainqueur
Remplira le salon de brouillard et d'odeur.
Au lieu de fulminer de justes anathèmes,
Vous vous résignerez et fumerez vous-mêmes.
Mais alors le bon goût cèdera le terrain
Au bon genre empressé de secouer le frein :
La folie aussitôt, régnant en souveraine,
Contre le sens commun satisfera sa haine,
Et ce que nous verrons de luxe et de fracas,
J'ai beau le présumer, je ne devine pas.

Paul Saint-Olive.

L'HORTICULTEUR ET LE BAROMÈTRE.

FABLE.

La vérité n'est pas très-bonne à dire,
　La vérité vous nuit souvent,
J'en donnerai la preuve à qui veut lire
　Le récit suivant.

Un bon rentier, fou de l'horticulture,
S'était épris de la belle nature
A ce tel point, que tous ses revenus
　　Se changeaient en verdure,
En dahlias, en ognons inconnus !
　　Partout ce n'était que jonquilles,
　　Rosiers de toutes les couleurs,
　　Rosiers de toutes les grandeurs,
　　Rosiers de toutes les familles,
　　Rosiers nains et rosiers géants.
Mais chaque chose a d'affreux contre-temps ;
A cette époque, un soleil très-maussade
De ses rayons dorait peu la bourgade.
　　Aussi ce brave horticulteur
Souffrait de voir le ciel, en sa rigueur,
Verser toujours, verser force rasade
A son jardin qui languissait malade.
　　Un jour à son réveil,
Voyant alors l'horizon, plus vermeil,
　　Chasser quelques rares nuages,

Vite il s'écrie : « Enfin c'est le soleil
Qui, radieux, triomphe des orages ! »
  Il court, dans son empressement,
  Interroger son baromètre.
  Mais un maître est toujours un maître.
L'horticulteur, avec emportement,
  Accuse le pauvre instrument
  Qui ne va pas au variable ;
  Le traite d'incapable,
Prend, furieux, l'oracle infortuné,
Après l'avoir secoué, retourné,
  Fixe son verre qu'il essuie :
  « Encor, toujours, toujours la pluie,
« Ah ! c'en est trop, dit-il, en sa fureur ;
  « Apprends que je saurai bien, traître,
  « Punir ton mercure menteur. »
Bientôt, hélas, le pauvre baromètre
  Gisait brisé par son accusateur.

  Aux grands parlez avec franchise,
Et sans pitié c'est ainsi qu'on vous brise !

Francis Tourte.

SUR UN HANNETON MORT.

Étretat, sur la falaise, 1857.

O petit hanneton dont la courte existence
Put à peine suffire à marquer la distance

Qui sépare un lever d'un coucher de soleil,
Où vis-tu maintenant? Dans la plaine azurée,
As-tu pris une forme un peu plus éthérée,
    Ou dors-tu ton dernier sommeil?

Oh! je voudrais savoir si la mère nature
Te créa pour revivre, ou si, marâtre dure,
Elle se fait un jeu de dévorer son fruit.
Je regarde, pensif, ton aile diaphane...
Elle me dit, hélas! que tout meurt et se fane,
    Et pour toujours s'évanouit.

L'homme qui, comme toi, traverse cette terre,
Dont la vie est souvent une terrible guerre,
Passe-t-il par la mort dans l'immobilité?...
Non, je sens que vers Dieu doit s'envoler son âme..
Elle naît, et retourne, inaltérable flamme,
    Au sein de l'immortalité!

S. Barraguey.

LE COURSIER.

Imité de Ghéfouri, poète Persan.

Mon coursier belliqueux a passé dans les plaines,
    Rapide et bondissant;
Le sang monte, bouillonne et frémit dans ses veines
    Comme du vif-argent.

La gazelle, en voyant ses formes élégantes,
    N'ose lever les yeux,
Et l'éclair qu'ont lancé ses prunelles brûlantes
    Rend le tigre envieux.

Plus ardent que le feu, plus souple que la brise
    Il n'est plus, il a fui.
Le torrent qui bondit, se déroule et se brise,
    N'est pas si prompt que lui.
Sa crinière dorée aux rayons de l'aurore
    S'agite dans ses jeux,
Et du midi brûlant qui tue et qui dévore
    Il brave tous les feux.

L'audace et la fierté roulent sous sa paupière,
    Au premier mot il part ;
Pour le récompenser au bout de la carrière
    Il suffit d'un regard.
Il va dans la mêlée, il affronte la guerre,
    Les cris du combattant ;
Puis il revient joyeux, se couche sur la terre
    Et dort près de l'enfant.

Aimé VINGTRINIER

PETIT MÉCHANT!

· ENFANTINE.

Quoi! méchant, vous l'avez battu,
Ce bon chien votre ami fidèle,
Tout attristé, tout abattu
Du prix dont vous payez son zèle?

Puis vous riez en vous cachant...
A genoux donc, petit méchant!

Ingrat, faut-il vous y forcer,
Devant lui qui n'a, doux et tendre,

Des yeux que pour vous caresser
Et des dents que pour vous défendre ?

L'orgueil est un mauvais penchant...
A genoux donc, petit méchant !

Où seriez-vous, en vérité !
S'il eût, terrible à qui le blesse,
Ainsi que vous de sa bonté,
Abusé de votre faiblesse ?

C'était fait de vous sur le champ...
A genoux donc, petit méchant !

Plus bas encore humiliez
Votre inhumanité confuse,
Puisque, enfin, c'est vous qui priez
Et lui qui reçoit votre excuse !

Mais... il pardonne en vous léchant...
Relevez-vous, petit méchant !

Hipp. Guérin de Litteau.

A ÉMILE DESCHAMPS.

(1er janvier 1858.)

Je voulais, ô poète ami,
Ouvrant mon cœur plus qu'à demi,
Dans mainte strophe bien tournée,
Vous souhaiter la bonne année ;

Mais, sitôt que j'écris en vers,
Je sens tout mon être à l'envers ;
Je deviens morose, humoriste...
En un mot, j'ai la rime triste...

Quand, d'ailleurs, comme à vous et moi,
La vie a donné tant d'émoi,
On éveille, aux anniversaires,
Moins de bonheurs que de misères...

Mieux vaut ne s'y point arrêter,
De peur de ne pouvoir fêter
Qu'en complaintes de circonstance
Ces étapes de l'existence.....

N'appuyons pas sur ce clavier !
Et, bien que du premier janvier
On dût, jusqu'à la saint Sylvestre,
Vous célébrer à grand orchestre,

Mes vœux aujourd'hui seront courts.....
A vous santé, gloire, longs jours,
Cher Maître ! et pardonnez si j'ose
Vous offrir ces quatrains en prose.

A. Cosnard.

LA PRIÈRE DES PETITS ENFANTS.

LÉGENDE.

Un pauvre bûcheron qui toute une semaine
N'avait pu travailler, malade qu'il était,
Sur son triste grabat un soir se lamentait.
Quel avantage a-t-il de mourir à la peine ?
Là, près de lui, sa femme et ses enfants sans pain,
De peur de l'affliger, dissimulent leur faim.
Sur quoi peut-il compter ? L'hiver glace la terre,
Sa cabane, cachée en un bois solitaire,
Elle est presque inconnue au reste du pays,
Personne ne viendra : pauvre, il n'a pas d'amis,
Et, sans un coup du ciel, la mort impitoyable
Finira de la faim la torture effroyable.
Et la mère disait à deux petits enfants,
Deux jolis chérubins, le bonheur de son âme :
« Allez dormir, enfants, l'âtre n'a plus de flamme ;
Il fait froid, sous la neige ont disparu les champs,
Dans les arbres, le vent souffle avec violence,
Au lit, vous aurez chaud, allez, mais en silence ;
Votre père est souffrant ; par de trop grands efforts,
En travaillant pour vous, il a brisé son corps.
Vous avez faim ? dormez. Le sommeil, d'ordinaire,
Trompe la faim. Dormez, mais que votre prière,
Avant tout, à Jésus demande son appui ;
La prière innocente arrive jusqu'à lui.

Dites du fond du cœur : « Jésus, notre espérance,
Toi qui fus comme nous sur la terre un enfant,
Petit Jésus si bon et que nous aimons tant,
Veille sur notre père et guéris sa souffrance. »
Aussitôt les enfants, qui tombent à genoux,
Se mettent à prier comme le dit leur mère,
Mêlant avec ferveur son nom à la prière,
Puis, joignant au bonsoir les baisers les plus doux,
Ils s'en vont se coucher sans faire aucune plainte,
Sans pleurer de la faim, dont la cruelle atteinte
Les a violemment tout le jour torturés,
Et, pour vaincre le froid, ils se tiennent serrés.
Comme ils sentaient déjà la chaleur se répandre,
Qu'en redisant tout bas leur prière à Jésus,
Les douleurs de la faim ne les tourmentaient plus,
Que le sommeil venait sur leurs yeux de descendre,
Et que la bonne mère, en les voyant dormir,
Remerciait le ciel dans sa reconnaissance,
Oubliant un instant qu'au jour son indigence
La reverrait pour eux et pleurer et frémir,
On frappe. Elle ouvre vite. Un enfant se présente,
Il a huit ans peut-être, il est pâle et souffrant,
Et demande un abri d'une voix suppliante.
Il montre ses habits, ses pieds nus en pleurant.
Ses habits en lambeaux ne le sauraient défendre
Contre le froid mortel d'un rigoureux hiver,
Ses pieds sont tout en sang. Dans un âge aussi tendre,
N'est-il personne à qui cet enfant-là soit cher ?
Il est joli pourtant. Les traits de son visage,
Que voilent à demi ses blonds cheveux épars,
Respirent la douceur, et ses tristes regards
Ont la timidité, la candeur de son âge.

Va-t-on le recueillir ou l'envoyer au loin
Réclamer le secours dont il a tant besoin?
Va-t-on savoir pourquoi, seul, par la nuit obscure,
Il ose s'exposer aux vents, à la froidure,
Et, d'un ton courroucé, qui fait trembler de peur,
Par de mauvais soupçons accroître son malheur?
Non, non, la charité ne voit que la souffrance !
Jamais sur le calcul réglant sa bienfaisance,
Elle ne va chercher si les infortunés
Méritent les secours au nom du ciel donnés ;
Dans sa mission sainte elle nomme ses frères,
Tous ceux que dans ce monde accablent les misères.
La pauvre mère ainsi comprend la charité,
Et ses enfants, près d'elle accourus tout de suite,
Embrassent l'étranger, et veulent que, bien vite,
Il prenne à lui tout seul le lit qu'ils ont quitté.
—Oh ! que tu dois souffrir, les pieds nus dans la neige !
Entre, lui disent-ils, notre lit est bien chaud.
Couche-toi. Ce banc-là c'est tout ce qu'il nous faut.
Que Jésus cette nuit encore nous protége,
Et nous allons dormir peut-être mieux que toi. —
Le sommeil, en effet, récompensa leur foi :
Un rêve, le plus beau qu'on puisse jamais faire,
D'un espoir enchanteur vint enivrer leurs sens.
Dans la pauvre cabane une vive lumière
Lançait, comme un soleil, des feux resplendissants.
Au milieu de ces feux, ils peuvent reconnaître
Ce même enfant qui là, tout à l'heure, souffrait,
Et pour qui leur bon cœur à la pitié s'ouvrait ;
Mais un miracle alors a changé tout son être.
Ce n'est plus cet enfant en proie à la douleur,
Dont les traits délicats ont d'un mort la pâleur,

Aux habits déchirés, aux yeux baignés de larmes ;
Radieux comme un ange, il en a tous les charmes ;
Son regard est divin, son air majestueux,
Il est vêtu de blanc et, sur ses blonds cheveux,
D'une couronne d'or le reflet étincelle,
Et voici ce qu'il dit aux enfants qu'il appelle :
« Je suis Jésus. C'est moi qui vers vous suis venu,
« Malheureux, désolé, tout sanglant, presque nu.
« Vous m'avez accueilli, comme on accueille un frère :
« Je veux vous protéger désormais sur la terre ;
« Vos vœux sont exaucés, tous vos maux sont finis.
« Dormez en paix, dormez, enfants, je vous bénis ! »
Puis cette vision se perd dans un nuage,
Où des sillons brillants attestent son passage.
Et puis tout disparaît. A peine réveillés
Les enfants, de leur rêve encore émerveillés,
Se lèvent curieux, courent au lit : personne.
Leur mère vient chercher avec eux et s'étonne.
Le petit étranger n'a pu sortir sans bruit....
Rien pourtant n'a troublé le calme de la nuit.
Son mari, seul, à l'aube est parti pour la ville,
Ne souffrant presque plus et, sans savoir pourquoi,
Sur le produit du jour confiant et tranquille.
Le rêve merveilleux la met tout en émoi :
L'enfant qu'elle a reçu, qui vient de disparaître,
Les tourments de la faim qu'elle ne ressent plus,
Et son mari sauvé, tout cela ne peut être
Qu'une faveur céleste, une œuvre de Jésus.
Elle croit, elle prie, et sa reconnaissance,
Aux accents de la foi, joint ceux de l'espérance.
En ce moment, au loin retentit un refrain,
Celui du bûcheron, lorsque sa joie éclate ;

C'est bien lui, le voici qui revient à la hâte,
Le visage content, les bras chargés de pain.
Plus de chagrins, de pleurs ! Il a repris courage,
Il a reçu l'argent d'un salaire ajourné,
Et se sent assez fort pour se mettre à l'ouvrage.
Mais du rêve, à son tour, comme il est étonné !
Ce rêve aux deux enfants offrant la même image,
Il en veut plusieurs fois entendre le récit.
Toujours mêmes détails, toujours même langage.
Un sentiment pieux à la fin le saisit ;
Lui, dont, jusqu'à présent, la nature grossière,
Avait pour le Très-Haut brûlé bien peu d'encens,
Il fait comme sa femme et ses petits enfants :
A genoux, il répète une ardente prière.
On eût pu dire alors que la faveur du ciel
Faisait tomber pour eux la manne d'Israël.
La santé, le travail, ses premières richesses,
Réalisent d'abord du rêve les promesses,
Puis, un jour qu'il était dans le bois à creuser
Pour arracher au sol un chêne séculaire,
Le bûcheron voyant son outil se briser,
Veut en savoir la cause, et tire de la terre,
Un grand coffre aussi vieux que le chêne, et plein d'or :
Pour combler son bonheur, il trouvait un trésor.

. . . .

A Nuremberg encore on a cette légende.
La grand'mère la dit à ses petits enfants,
En ajoutant toujours : « Pour que Dieu vous entende,
« Priez bien, mes chéris, aimez bien vos parents ;

« Envers les malheureux, soyez bons, charitables,
« Et le petit Jésus viendra vous voir un jour;
« Il puisera pour vous aux trésors ineffables
« Des dons si précieux de son divin amour. »

P.-B. FOURNIER.

LES VOEUX.

CONTE.

Alice était brune,
Et comme la lune
Pâle était son teint;
Aline la blonde
Fraîche comme l'onde,
Au cœur doux et saint;
Élise, châtaine,
Comme une fontaine,
Purs étaient ses yeux;
Toutes trois charmantes
Toujours souriantes
Et venant des cieux.

Alice ainsi parlait : — « Je voudrais que ma vie
De concerts et de bals, chaque soir, fût remplie;
Que jamais un chagrin ne me fît murmurer,
Et que mes jours, enfin, se passent sans pleurer. —
— Oh moi, disait Aline, il me faut peu de choses :
Je voudrais un beau champ tout parsemé de roses,

De jasmins, de lilas et d'orangers en fleur ;
C'est là, là seulement, que je vois le bonheur.
— Et moi, je voudrais mieux, reprit la jeune Élise.
Je voudrais sur mon front voir se jouer la brise ;
Une esclave à genoux me servir en riant ;
Un parfum d'Arabie, un tapis d'Orient ;
Dans une coupe d'or, le nectar, l'ambroisie ;
Un chant doux et lointain rempli de poésie ;
Et la nuit, respirant sous l'ombrage embaumé,
Voir le regard d'un ange en rayon transformé. — »
— Elles parlaient ainsi quand arrive une fée,
Dans un char de cristal et de roses coiffée :
De chaque jeune fille elle accomplit les vœux,
Les baisa sur le front, et monta vers les cieux !
Elle allait consoler ailleurs de jeunes filles,
Ou de pauvres vieillards ou de tristes familles ;
Et du nord au couchant, des lambris aux grabats,
La foule bénissait l'empreinte de ses pas.
Elle reçut bientôt des sœurs une prière :
Bonne, elle descendit dans son char de lumière.
Alice dans les bals s'ennuyait à mourir ;
Dans les champs et les prés, Aline allait périr ;
Elise détestait la terre du Prophète ;
Les parfums d'Orient lui montaient à la tête,
Elles priaient la fée et les trois jeunes sœurs
Regrettaient un passé, les yeux baignés de pleurs.
La bonne fée alors leur dit d'une voix tendre :
« Au bonheur, ici-bas, il ne faut point s'attendre.
Il n'est qu'au ciel, enfants, sachez le mériter,
Et par mille vertus il vous faut l'acheter. »

Élise MALLERANGE.

LE PASTEUR DU VILLAGE.

Petits enfants, suivez bien l'évangile ;
Soutenez-vous en tous temps, en tous lieux ;
Aux malheureux donnez un saint asile,
Soyez humains et vous serez heureux !

Petits enfants, amis de mon vieil âge,
Bien chers enfants, vous que j'ai vus grandir,
Depuis trente ans, dans votre heureux village,
J'ai parmi vous trouvé bon de vieillir,
  Petits enfants.

Petits enfants, objets de ma tendresse,
De votre amour je fus récompensé ;
Je fus heureux de votre gentillesse,
J'aimais à voir votre douce gaîté,
  Petits enfants.

Avec ardeur, durant votre existence,
Que le travail soit votre seul espoir ;
Et le bonheur, ayez-en l'assurance,
Sera chez vous du matin jusqu'au soir,
  Petits enfants.

Si vous voulez un séjour sans nuage,
Que la concorde, enfants, règne avec vous,
Faites du bien ; et sur votre passage
Dieu répandra ses trésors les plus doux,
  Petits enfants.

Mes chers enfants, ma carrière est finie ;
De vous bientôt je vais être exilé ;
Souvenez-vous quelquefois, je vous prie,
Du vieux pasteur qui vous a tant aimé !
  Petits enfants !
Lucien Solary.

LE CONVOI D'UNE MÈRE.

Un jeune enfant aux couleurs roses
Joue au seuil d'un chaume attristé,
Effeuillant quelques fleurs écloses
Au soleil d'un beau jour d'été,
Et l'on entend, lorsque l'on passe
Près des ais disjoints par le vent,
Des gens qui parlent à voix basse,
Alors on s'éloigne en rêvant...

 Blonde tête si chère,
 Va jouer, tu sauras
 Bien trop tôt qu'une mère
 Ne se remplace pas !

L'enfant dit de sa voix tranquille :
Père, quel est cet homme noir,
Qui vint avec toi de la ville
Et qui resta longtemps, hier soir?
Le père pleura sans rien dire,
Car sa voix mourut dans ses pleurs,
Et l'enfant reprit son sourire
En s'en retournant vers ses fleurs...

Le lendemain, sur ses épaules
Le père, assisté d'un voisin,
Portait le matin sous les saules
Un large coffre de sapin.
L'enfant, en habit des dimanches,
Sans rien comprendre les suivait,
Et riait, en brisant les branches,
Quand le cortége s'arrêtait...

Alphonse Baralle.

LE BONHEUR AUX CHAMPS.

A Monsieur Claudius Chervin.

Dans un modeste asile,
Heureux qui vit aux champs
Loin des bruits de la ville,
Loin des coups des méchants.

Là, point de folle ivresse,
Ni de coupable erreur.....
Là, — sans morgue et richesse —
Règne le vrai bonheur ! —

Au fond d'une chaumière
Habitent joie et paix ;
Et les grands de la terre
Tremblent dans leurs palais !
Les bois, l'eau qui murmure,
Ont un charme enchanteur ;
Comme eux notre âme est pure,
C'est là le vrai bonheur !

Heureux celui qu'exile
Un monde indifférent,
Où le fourbe et l'habile
Ont seuls le premier rang !...
Narguant honneurs, puissance,...
Ma vigne et mon pasteur,
M'ont rendu l'espérance,
N'est-ce pas le bonheur ?

Cl.-Antony Rénal.

LE FAUTEUIL ET LA CHAISE.

FABLE.

Placé près d'un bon feu, certain soir un Fauteuil
Se carrait, regardant presque du coin de l'œil
      Une Chaise
    Qu'il croyait malaise
De rester à l'écart dans un appartement
    Pour compléter l'ameublement.

Et le Fauteuil disait : « Quelle piteuse mine
    Tu fais là-bas, chère cousine,
    Car, en vérité, j'imagine,
Qu'en me voyant faire ainsi les beaux bras,
    Surtout, sans le moindre embarras,
      Vu la nature
      De ma structure,
Tu dois fort envier mon sort de chaque soir ;
C'est à moi que le maître accourt et, pour s'asseoir,
  Il m'estime à l'égal d'un trône,
D'où son mépris s'étend sur ce qui l'environne » —

— La Chaise allait répondre ; — on sonne, tout se tait
    Et le maître apparaît.

De son manteau d'hiver un valet le délivre ;
Aussitôt fait, il sort de sa poche un beau livre,
Se plonge en son Fauteuil qui craque de plaisir,
    Et s'y berce d'un doux loisir.

A peine est-il blotti dans les deux bras du siége,
    Que le sommeil l'assiége
      Et, malgré lui, ses yeux
Se ferment sur le livre..... — Il bondit, furieux,
En dépit de son poids, saisit le vaste meuble,
    Le relègue au fond de l'immeuble
      Et prend la Chaise à son côté,
Il se rasseoit plus calme et, par lui feuilleté
        L'ouvrage
  Jusqu'au matin est tout lu, page à page,
Sans que notre lecteur paraisse moins dispos.

Lorsque enfin il s'en va pour goûter du repos,
    La Chaise, prenant la parole,
    Dit au Fauteuil qui se désole :
« Pourquoi baigner de pleurs et dossier et coussin ?
Ne savais-tu donc pas, ô mon trop fier cousin !
Que le Fauteuil n'est fait, père de la mollesse,
Que pour engourdir l'homme au sein de la paresse ?
    Mon destin est cent fois meilleur :
A moi, le vrai poète ! à moi le travailleur !
    Qui, jour et nuit, veut, sans relâche,
Au monde émerveillé livrer sa grande tâche ! »

Émile DELTEIL.

LA SOEUR DU PÊCHEUR.

Etretat, 1857.

Depuis huit jours il n'est pas revenu,
Mon bien-aimé, mon frère, mon Jean-Pierre,
Jamais encor il ne fut retenu
Aussi longtemps éloigné de la terre.
Seigneur, mon Dieu, qui voyez mon tourment,
Ne brisez pas ma dernière espérance,
Daignez calmer le terrible élément ;
Oh ! par pitié, finissez ma souffrance.

Sa vieille mère, elle-même gémit,
Et, sur son front presque sexagénaire,

Je lis l'horreur dont son âme frémit :
Elle a trois fois baisé son scapulaire !...
Ciel ! je la vois, plus sombre, tressaillir,
Car de la mer elle a l'expérience...
Mais je me sens à mon tour défaillir ;
Seigneur, mon Dieu, pitié pour ma souffrance !

Soyez béni ! Je vois à l'horizon...
Je reconnais sa voile bien-aimée !
Oh ! de bonheur, je perdrai la raison...
Soutenez-moi quand vous m'avez calmée.
Mais, ô mon Dieu... la barque disparaît...
Vous m'avez pris ma dernière espérance !
Je la revois... mon esprit s'égarait...
Vous avez eu pitié de ma souffrance !

S. Barraguey.

ALEXANDRE COSNARD.

RÉPONSE.

Je voulais, excellent ami,
Je voulais, excellent poète,
A mon luth, longtemps endormi,
Unir ma voix, longtemps muette.

Car mon cœur était fort en train,
Fier de vos étrennes lyriques,
D'opposer quatrain à quatrain.....
Vains désirs ! espoirs chimériques !

Placés auprès des vôtres, si
Mes vingt-quatre vers sont en nombre,
A cela seul j'ai réussi ;
D'autre ressemblance pas l'ombre !

C'est qu'avec mes rêves en fleurs,
A fui l'harmonieux délire ;
C'est que, jour à jour, sous mes pleurs,
Je sens se détendre ma lyre...

Hélas ! maladie et chagrin
Me font une double misère,
Et j'épuise ainsi, grain par grain,
Tout le lamentable rosaire !

Mais, comme à ses plus cher élus,
Que le Seigneur Dieu vous accorde
Tous les bonheurs que je n'ai plus...
Je louerai sa miséricorde !

Émile Deschamps.

ACCUSÉ DE RÉCEPTION.

Au meilleur de mes amis.

I.

Ami, ton vin de Syracuse
M'est arrivé par franc convoi ;
C'est verre en main que je t'accuse
Réception de cet envoi.

Quel vin, mon cher! quel jus robuste!
Il est magistral, ce nectar!
On conçoit, quand on le déguste,
Qu'il ait jadis grisé César.

Certes, les vins de la Garonne,
Les vins de la Bourgogne aussi,
Méritent tous une couronne,
Soit pour cela, soit pour ceci;

Médoc et Vougeot, je les aime!
J'en aime bien d'autres encor,
Qui n'ont pas le bouquet suprême
De la Côte Rôtie ou d'Or;

Mais, foi d'amateur au goût libre,
De tous ceux qu'on offre en gala,
Nul ne m'a remué la fibre
Comme ton vin de Marsala!

J'en ai pleuré! j'ai peine à clore,
Même à cette heure, mon émoi!.....
Cependant, ami que j'honore,
Tu ne pleures pas avec moi!.....

II.

Que, du moins, en vidant mon verre,
Je remplisse de toi mon cœur!
Je mets, quand ma soif persévère,
A te chanter plus de vigueur!

A ta santé ! ! Que je renaisse
Au souvenir de nos beaux jours !
Redisons-nous notre jeunesse !
Avons-nous ri !..... ris-tu toujours ?

Te rappelles-tu, mon complice,
Ce drame en vers par nous commis ?
Que d'illusions de coulisse !
Que de gloire on s'était promis !

A vingt ans, notre muse ingambe
Tentait mille pas hasardeux.
Nous ne portions qu'un nom : Corambe,
Ce qui veut dire un cœur à deux !

Vint le diable diplomatique
T'emporter par delà les mers !
Adieu l'horizon dramatique !
Adieu ton concours à mes vers !.....

Que, pourtant, sur eux ton nom plane.
Puisque entre nous deux l'amitié,
Ce vrai vin d'où ma verve émane,
Mit, pour jamais, tout de moitié !

Prosper DELAMARE.

POUR LES ENFANTS DU PAUVRE.

Pour les enfants du pauvre, ô travaille, ma sœur ;
C'est bien... — mêle à leur vie un peu de la douceur,
    Un peu du plaisir de la tienne.

Ils sont si malheureux !... Dans la foule inconnus,
Ils vont si tristement, en haillons et pieds nus,
    Sans une main qui les soutienne.

Fais-leur des vêtements bien chauds pour cet hiver,
Ils ont, pauvres enfants, l'an dernier, tant souffert,
    Oh ! sois laborieuse et forte !

Ils viendront te bénir, car l'hiver est fatal ;
Car ils iraient, sans toi, mourir à l'hopital
    Où leur mère autrefois est morte.

Vois-les par toi joyeux... — Ne sens-tu pas au cœur
Un charme doux et pur? N'entends-tu pas un chœur
    Qui chante au ciel et qui te loue ?

Et n'es-tu pas heureuse, ô ma sœur, de penser
Que l'hiver sombre et dur sur eux pourra passer
    Sans voir de larmes à leur joue?

Car ils n'auront plus froid, car les pauvres petits
Ne s'endormiront pas, dans un grenier blottis,
    Pour ne plus s'éveiller peut-être.....

Et la nuit, dans leur rêve, au loin, lorsqu'ils verront
Passer un ange avec une auréole au front.....
   C'est toi qu'ils croiront reconnaître.

Alexandre Flan.

LES PREMIÈRES NEIGES.

<small>Qui donne aux pauvres, prête à Dieu.</small>

I.

Nos toits sont couronnés de neige,
L'autan mugit, — le ciel est bleu !
Pendant que la tempête assiége
Le pauvre que rien ne protége,
Enfants, gardez le coin du feu !

Voici la saison des alarmes,
Voici l'heure du désespoir !
Combien, parmi nous, chaque soir,
Attendent, en versant des larmes,
Un vêtement et du pain noir !

C'est le sombre hiver qui remplace
L'automne à qui tout dit adieu ;
Puisque sa voix hurle et menace,
Au foyer, enfants, faites place
Aux petits oiseaux du bon Dieu.

Hélas ! leur couchette est bien dure,
Le grain de mil n'est plus aux champs !
Aussi, voyez ! plus rien des chants
Qui nous charmaient sous la verdure,
Plus rien ! que les chasseurs méchants !

O vous, qui vivez dans l'orgie,
Oubliez-vous donc que souvent
Un pauvre enfant s'en va, pleurant,
Tendre une main, de froid rougie,
Pour son vieux père, hélas ! mourant ?

Ne savez-vous pas que, dans l'ombre,
Un homme que la faim poursuit,
Arme son bras, et va, la nuit,
Le cœur en feu, le regard sombre,
Frapper le voyageur qui fuit ?

II.

Ah ! bien heureux celui qui donne,
Celui qui donne à pleine main,
Au pauvre que tout abandonne,
Et qui n'a pas de lendemain.

Enfants, demandez à vos mères,
En souriant, demandez-leur,
Un vêtement pour le malheur,
Un petit sou pour nos misères.

Demandez pour l'humble orphelin,
Demandez pour celui qui pleure,
Pour la famille sans demeure,
Pour le vieillard à son déclin.

Les pauvres sont deux fois nos frères!
Enfants, ne les oubliez pas,
Et puis souvent portez vos pas
Et vos bienfaits vers leurs chaumières.

Celui qui voit tout, le verra,
Allez, anges à têtes blondes,
Secourir des douleurs profondes,
Et le Seigneur vous le rendra!

Léon Gontier.

LE VIEILLARD ET L'ENFANT.

Près d'un enfant, triste et rêveur,
Un bon vieillard, le front morose,
De l'espérance à peine éclose
Aimait à voir la tendre fleur.
Puis, d'une main faible et tremblante,
Il le berçait à son réveil ;
Pour l'inviter au doux sommeil,
Sa voix était si caressante !

« Dors bien, mon ange, dors encor ;
« Plus tard, tu connaîtras ce monde !...

« Je veux bercer ta tête blonde,
« Je veux bercer tes rêves d'or...
« De ton sommeil le doux murmure
« Vient caresser mes cheveux blancs,
« Et près de toi de mes vieux ans
« Je sens moins la chaîne si dure.

« Tu nais, et moi, vieillard, je meurs...
« Je termine mon long voyage...
« Mais la mort est douce à mon âge!...
« La tombe cause tant de pleurs !!!
« Tu verras, tu verras, mon ange,
« Si Dieu te prête de longs jours,
« Que les moments heureux sont courts,
« Que le destin jamais ne change !..

« Adolescent, sur ton chemin,
« Loin des beaux jours de ton enfance,
« Misère, pauvreté, souffrance,
« Diront : Secourez-moi, j'ai faim.
« O mon enfant, que Dieu te donne
« Le doux pouvoir de soulager !
« Il est si beau de protéger
« Ceux que le bonheur abandonne !..

« Tu vis, toi, mais tu vis heureux...
« Les baisers de ta jeune mère,
« Donnés souvent sur ta paupière,
« Font chaque jour fermer tes yeux.

« Mon bel enfant, combien j'envie
« Ton cœur si vrai, ton cœur si pur,
« Car des méchants le souffle impur
« N'a pas flétri ta jeune vie !... »

Et le vieillard, sur cet enfant,
Reposant sa tête aussi blanche
Que le lis dont la fleur se penche,
Lui redisait en le berçant :
« Plus tard, tu connaîtras ce monde !
« Dors bien, mon ange, dors encor...
« Je veux bercer ta tête blonde,
« Je veux bercer tes rêves d'or ….. »

Ernest Griffoni.

HYMNE A LA VIERGE.

Vierge, la gloire du monde
Et la couronne des cieux,
Dont la bonté nous inonde
Des biens les plus précieux,

Tendre Marie, en nos âmes,
Par tes divines ardeurs,
Allume de pures flammes :
Nous célébrons tes grandeurs.

D'une tige magnifique
Rejeton encor plus beau,
Ta vertu, du monde antique,
A fait un monde nouveau.

Pour former un tabernacle
Digne du Dieu rédempteur,
Tu naquis, par un miracle,
Rayonnante de splendeur.

Comme l'ange qui s'attache
Aux pas de l'homme pervers,
Sans contracter nulle tache
Parmi ses crimes divers,

Exempte de la souillure
Qui flétrit l'humanité,
Tu fus toujours belle et pure
Au sein de l'iniquité.

C'est toi qui formas la chaîne,
Aux anneaux mystérieux,
Par qui la nature humaine
Est unie avec les cieux.

De la nouvelle alliance,
Arche à l'éclat immortel,
Ta riche magnificence
Fit la splendeur d'Israël.

Quand le Verbe, auteur du monde,
Fut descendu dans ton sein,
De sa sagesse profonde
Tu connaissais le dessein ;

Un Dieu né de ta substance
Grandit à tes yeux ravis,
Est soumis à ta puissance
Et respecte tes avis :

Mais tu ne connais de gloire
Que celle du Créateur,
Et ne cesses de te croire
La servante du Seigneur.

Tu partageas le calice
Qui fut offert à Jésus,
Pour rendre son sacrifice
Plus salutaire aux élus.

Ta main fonda sur la pierre
L'édifice de la foi,
Mit le divin caractère
Dans le livre de la loi.

Et, dans ta vertu féconde,
Faisant un effort d'amour,
Tu pris l'essor de ce monde,
Vers le céleste séjour.

Ton corps obtint la victoire
Sur le pouvoir du tombeau,
Et parut brillant de gloire
Devant l'éternel flambeau.

Des humains auguste mère,
Vers qui soupirent nos cœurs,
Rends notre destin prospère,
Par tes plus tendres faveurs !

A. Vignat.

A M. PAUL JUILLERAT.

Remercîment pour ses strophes sur le *Malheur* (1).

Si quelqu'un goûte sur terre
Ce qu'on peut nommer *bonheur*,
C'est l'homme dont rien n'altère
Le stoïque caractère,
Et qui dit : « Gloire au Seigneur ! »

Qui, perçant la nuit du doute
Sans funéraires flambeaux,
Vers le but que l'on redoute,
N'a pas besoin que sa route
Ait pour jalons des tombeaux !

Qui voit toujours la patrie
Luire au-delà du cercueil ;
Spontanément croit et prie,
Sans que son cœur saigne et crie
Dans l'angoisse et dans le deuil !

---

(1) Voir à la page 19 de ce volume.

C'est l'ami qui nous rassure,
Le poète aux vers puissants,
Dont l'âme énergique et sûre
N'attends pas qu'une blessure
Fasse couler son encens !

Celui-là qui me convie
A son sublime entretien,
Dieu lui donne cette vie...
Cher poète que j'envie,
Poète vraiment chrétien !

Du laurier qui l'environne,
Et que je n'espérais plus,
Il me tresse une couronne,
Beau souvenir qui fleuronne
Sur mon pauvre *Tumulus !* (1)

A. Cosnard.

LE CHANT D'ATALA.

Imité de Châteaubriand.

Heureux qui n'a pas vu les fêtes étrangères,
Au foyer de l'exil ne fut jamais admis,
Et, fidèle au toit de ses pères,
N'a vu jamais que des amis !

---

(1) *Tumulus* est un beau volume de poésie, où M. Cosnard fait partager sa profonde douleur en pleurant :

Deux enfants purs et doux, réfugiés au ciel
Auprès des baisers de leur mère !

— O Nompareille des Florides,
Dit le Geai bleu du Mechasbé,
N'as-tu donc pas des eaux limpides,
Un grain sans peine dérobé ? —
— Oui, lui répond la Nompareille,
Mais mon nid est là bas, là bas !
Et, le matin, quand je m'éveille,
Mon doux pays ne paraît pas ! —

Le voyageur dans la savane
A les pieds sanglants et meurtris ;
Il entre sous une cabane,
Appuyant son arc aux lambris.
D'un geste le maître l'arrête,
Et lui fait signe de la main.....
Le voyageur, baissant la tête,
Reprend tristement son chemin.

Contes, histoires merveilleuses,
Heureux celui qui vous entend,
Près des jeunes filles joyeuses
Ou du berceau de son enfant !
Heureux qui du feu de famille
Ne voulut s'éloigner jamais,
Et, quand du soir l'étoile brille,
Près des siens va dormir en paix !

A. VINGTRINIER.

LE BARBIER.

Un barbier, habitant un faubourg de Lyon,
    Tenait boutique achalandée ;
Fer, rasoir ou ciseaux, la réputation
    Était à notre homme accordée ;
    La pratique la plus ridée,
En sortant de ses mains passait pour un lion.

    Mieux encor! La nature, avare
Pour tant de pauvres gens trop étroits du cerveau,
Lui prodiguait ses dons ; et, comme Figaro,
Il écrivait en vers, pinçait de la guitare....
    Écoutez-le chanter presto :

« Tête blonde ou grise,
« Lorsque je vous frise,
« Ma verve s'aiguise,
« J'ai l'esprit subtil ;
« Et l'eau de mon vase
« Avec le feu jase,
« Lorsque je te rase,
« O menton viril. »

Ne croyez pas que, sur ce thème,
Il fît noter du Rossini,
   Ni
  Du Verdi...
   Fi !...
Notre barbier faisait sa musique lui-même.

  Mais un jour... jour fatal
Et pour l'homme et pour la boutique,
 Devisant guerre et politique
Il s'abonne trois mois... n'importe à quel journal !

C'était presque au début de la guerre de l'Inde,
  Le poète descend du Pinde ;
  Et, laissant là ses chansons,
  Aux Anglais dicte des leçons.

Diable ! un client, qui vient, interrompt la campagne
Que rêvait le barbier pour la Grande-Bretagne ;
Mais, au maître d'école, à l'instant, Figaro
  Passe le numéro

Et le vieux magister, orné de ses bésicles
    Lit tout haut un ou deux articles.
Cependant le barbier met la serviette au cou
Du client ; le savonne et rase..... — tout à coup !
Écoutant le récit de la lutte indienne :

« Ah ! ah ! quels maladroits ! ces Anglais !... que je tienne
    « Un seul jour le commandement
    « Et bientôt l'on verra comment..... »

A ces mots le barbier se démène, se cabre ;
Il brandit son rasoir, comme il eût fait d'un sabre...
Le client effrayé sous le savon pâlit...
Son menton saigne... il tremble à voir un tel manége
Et, presque mort de peur, fuit... et gagne son lit,
En laissant le barbier continuer le siége
    De Delhi.

Oui, mais, depuis ce temps, ces pratiques si chères,
Qu'il soignait autrefois avec si grand amour,
Ont quitté le barbier sans espoir de retour.....

    Occupons-nous de nos affaires.

Alexandre FLAN.

LES ROQUETS.

A. M. Alphonse de Lamartine.

Un Terre-Neuve, — un noble chien, —
A l'œil intelligent, à la démarche fière,
Marchait..... et des roquets aboyant par derrière,
Le poursuivaient de loin... César n'entendait rien !...

Quand je vois un grand citoyen,
Un illustre orateur, un homme de génie,
— Mieux encore, un homme de bien, —
Poursuivi par la calomnie.....
Je songe à mes roquets, — et je pense tout bas : —
Laissons-les s'enrouer, — il ne les entend pas !

Jamais les nains ne passeront,
Hélas ! près d'un géant, — sans faire la grimace !...
Et toujours roquets aboieront
Après les chiens de noble race !...

Vicomte DE CHARNY.
(K. de R.)

A MADAME LOUISE F***.

SONNET.

—« Pourquoi, m'avez-vous dit, pourquoi, pauvre poëte,
D'un bonheur qui nous fuit vouloir troubler le cours ?
Le ciel est-il pour vous sans rayons et sans fête ;
Votre cœur, jeune encor, pleure-t-il ses beaux jours ?

N'allez donc plus ainsi, triste et penchant la tête,
Promener vos ennuis dans de sombres détours.
Songez qu'un calme heureux succède à la tempête,
Qu'il faut chanter souvent pour espérer toujours ! »

— Madame, oh ! laissez-moi, dans l'ombre et le mystère,
Revenir tout songeur sous mon toit solitaire ;
Mon cœur ne chante plus, mon front est soucieux ;

Là-bas, j'ai mes tombeaux où reluit l'espérance !...
Et puis... il est si doux, quand l'âme est en souffrance,
De pleurer ici-bas, en regardant les cieux !...

Léon Gontier.

DODO, NINETTE.

BERCEUSE.

Ne souriez plus en cachette,
Votre mère vous le défend ;
Dodo, dodo, Ninon, Ninette,
Dormez vite, méchante enfant.

Dormez, dormez, beau petit ange,
Fermez vite vos yeux d'azur,
Sur vous veillera votre archange,
Caché dans le trou du vieux mur.
Vous avez fait votre prière,
Et demain, à votre réveil,
Quand vous rouvrirez la paupière,
Vous reverrez l'ami soleil !

Ne souriez plus en cachette,
Votre mère vous le défend ;
Dodo, dodo, Ninon, Ninette,
Dormez vite, méchante enfant.

Vous voulez donc que je vous gronde.
Il n'est plus temps de babiller ;
Cachez-moi cette tête blonde
Dans les plis de votre oreiller.
Dormez vite, ou bien je parie,
Petit lutin aux yeux si doux,
Que le bon Dieu, dans la prairie,
Ne mettra pas de fleur pour vous.

Ne souriez plus en cachette,
Votre mère vous le défend ;
Dodo, dodo, Ninon, Ninette,
Dormez vite, méchante enfant.

Et quoi vous voulez rire encore :
Cette fois je vais me fâcher.
Voyez, le soleil couchant dore
La grande croix du vieux clocher.
C'est l'heure où, de l'enfant qui veille,
Les lutins troublant les ébats,
Pâlissent la lèvre vermeille.
Mais il s'endort... Chantons plus bas !

Ne souriez plus en cachette,
Votre mère vous le défend ;
Dodo, dodo, Ninon, Ninette,
Dormez vite, méchante enfant.

A. Baralle.

REVIENS, MA CHEVRETTE !

MÉLODIE.

Que cette chèvre à la prairie
Me semble heureuse d'être à vous,
    Marie, ô Marie,
    La belle aux yeux doux !
— Dam ! en surplus qu'elle est gentille,
Apprenez, puisque nous jasons,
Que pour l'aimer, dans la famille,
Nous avons tous bien des raisons...

    Holà ! ma chevrette,
    Danseuse et follette,
Reviens, reviens à mes genoux ;
    Et plus discrète,
    Prends garde aux loups !

Qu'a-t-elle fait, cette chérie,
Pour mériter autant de vous,
    Marie, ô Marie,
    La belle aux yeux doux ?
— Sans la pauvrette humble et fidèle,
Je me mourais... oui, sur ma foi !
Et, par mes soins, je fais pour elle
Ce que son lait a fait pour moi...

    Holà ! ma chevrette,
    Danseuse et follette,

Reviens, reviens à mes genoux,
    Et plus discrète,
  Prends garde aux loups!

— Vous teniez donc fort à la vie,
Si triste qu'elle soit pour vous,
    Marie, ô Marie,
  La belle aux yeux doux?
— Ayant, hélas! trois petits frères
Qui n'ont que moi pour les nourrir,
Supposez-vous qu'en nos misères
J'aurais été seule à mourir?...

  Holà, ma chevrette,
  Danseuse et folette,
Reviens, reviens à mes genoux,
    Et plus discrète,
  Prends garde aux loups!

Hipp. Guérin de Litteau.

LA MORT DU JUSTE.

In memoria æterna erit justus.
(Évangile).

Vers l'horizon lointain, aux bords du firmament,
Lorsque le roi du jour s'abaisse lentement,
Et que de l'Occident il franchit la barrière,
Au moment d'achever sa brillante carrière,
Il semble, avec amour, de ses derniers rayons,
Caresser les coteaux, les plaines, les vallons,

Et jouir des bienfaits qu'il répand sur le monde...
Puis, son disque de feu, plus incliné vers l'onde,
S'y plonge tout-à-coup, disparaît, et les yeux
Suivent la trace d'or qu'il laisse dans les cieux.

Ainsi, lorsqu'il arrive au terme du voyage,
Le juste, sur la terre, a marqué son passage ;
Il a toujours suivi, dans la foi de son cœur,
Le sentier de vertu qui conduit au Seigneur,
Quand, pour lui, du trépas sonne l'heure suprême,
Il voit, calme et serein, s'avancer la mort blême ;
Tandis que ses enfants, près du lit de douleurs,
Tristes et retenant avec peine leurs pleurs,
Sur son front, dans ses yeux, épient en silence
Quelque vaine lueur de vie et d'espérance.
Pour la dernière fois, sur ces êtres chéris,
Il porte en soupirant des regards attendris ;
D'une voix qui s'éteint il les bénit encore !...
Pour eux, Dieu de bonté,! sa prière t'implore ;
Il espère pour eux ce tout puissant secours
Qui toujours nous soutient, nous console toujours ;
Et confiant, Seigneur, dans ta grâce infinie,
Il résigne en tes mains et son âme et sa vie...
Il espère... ou plutôt, rejoignant tes élus,
Il voit luire ce jour qui ne finira plus !...

Ainsi, l'astre qui semble abandonner la terre,
Rayonne, au même instant, dans un autre hémisphère
Et, brillant de jeunesse, hôte de nouveaux cieux,
Poursuit, en s'élevant, son essor glorieux !...

Charles Devert.

L'ÉCOLE BUISSONNIÈRE.

« Mes enfants, mes amis, vous qui pleurez si fort
« Quand on veut mettre un peu de savoir dans vos têtes !
« Vous qui trouvez toujours que les hommes ont tort
« D'interrompre vos jeux et de troubler vos fêtes !

« Je vous comprends, c'est vrai, ce qu'il vous faut, à vous,
« C'est le rire éclatant, c'est la gaîté bien franche,
« C'est le gazon touffu qui verdit vos genoux,
« C'est le fruit mûr à peine arraché de sa branche !

« L'air est pur, l'herbe est fraîche et les blés sont dorés :
« Indulgence pour tous, indulgence plénière !
« Quittez pour aujourd'hui vos livres abhorrés...
« Je veux faire avec vous l'école buissonnière ! »

— Et pendant que le maître avait le dos tourné,
Ils s'enfuirent, laissant les bancs noirs et les plumes,
Le thème interrompu, le travail ajourné ;
Puis vers les bois voisins, bien vite nous courûmes !

Maint papillon léger, maint oiseau babillard
Murmurait en passant : « Nous sommes vos complices,
« Amusez-vous d'abord, vous apprendrez plus tard ! »
Et les fleurs pour les voir entr'ouvraient leurs calices.

Et les fronts rayonnaient, moi je leur dis : « Voyez,
« Loin, bien loin, tout là-bas, près de la maison verte
« Où se trouve un bouquet de houx et de noyers,
« Ce terrain triste et nu, cette place déserte !

« C'est que, si nous n'avons ni semé ni planté,
« Dieu juste ne veut pas que la terre nous donne
« En hiver du pain blanc, de l'ombrage en été,
« Des parfums en avril et des fruits en automne !

« Mais les prés d'alentour vous offrent leur émail :
« Reprenez vos ébats, vos jeux, vos courses folles,
« Et cherchez, quand viendront les heures du travail,
« Le véritable sens de mes simples paroles ! »

— Mon discours les toucha, tout ennuyeux qu'il fût !
Ils restèrent au moins... trois secondes sans rire !
Plus d'une année après, comme j'errais sans but,
Je retrouvai le maître et son petit empire.

Je voulus embrasser mes amis d'autrefois,
Chacun était heureux ; la classe était remplie !
Les enfants, il me semble encor que je les vois !
Se montraient tout joyeux de leur tâche accomplie !

Je tournai mes regards vers le même horizon :
L'enclos jadis fermé n'était plus solitaire,
Des champs bariolés entouraient la maison ;
Je vis que des bras forts avaient bêché la terre !

La ronce avait cessé de croître au pied des murs,
L'abeille bourdonnait parmi les fleurs écloses,
Le soleil était chaud, les épis étaient mûrs ;
... Déjà les écoliers savaient beaucoup de choses !...

Karl Daclin.

LE ZOUAVE TRAPPISTE.

Vers inspirés par la vue du tableau d'Horace Vernet.

En passant près des lieux où nul bruit de la terre
Du Trappiste chrétien ne peut être entendu,
Un soldat de Crimée, un jour, revit un frère
Que sur le champ d'honneur il avait cru perdu.
Son front conserve encor une large blessure ;
Sur la croix d'un tombeau ses yeux sont attachés ;
Triste, les bras croisés sur sa robe de bure,
Il prie, et pleure ceux que la Mort a fauchés.

Ne pouvant résister à l'élan de son âme,
Le soldat de Crimée avance vers l'ami,
Le presse dans ses bras, l'interroge, et s'enflamme
Au récit des combats livrés à l'ennemi.
Le Trappiste répond : Dans ce vallon de larmes,
Bien des frères, là-bas, pour toujours sont couchés.
Fais mes derniers adieux à nos compagnons d'armes,
Je prie, ici, pour ceux que la Mort a fauchés.

Le Trappiste aussitôt se remit en prière :
Son ami s'éloigna, des larmes dans les yeux ;
Mais on le vit souvent regarder en arrière,
Puis, au mur de l'enclos s'arrêter soucieux.
Il se disait tout bas : — Les lauriers de la Gloire,
Dans un fleuve de sang toujours sont arrachés,
Et ne vaut-il pas mieux rechercher la victoire
Que Dieu promet à ceux que la grâce a touchés ?

S. BARRAGUEY.

L'IDÉE.

Vous alignez souvent des vers sur le papier,
Avec soin vous passez et repassez la lime,
Et vous trouvez sans peine, au fond de l'encrier,
    La mesure et la rime.

Mais si pour vous l'idée, avare de ses dons,
A vos commandements n'accourt pas toujours prête,
Et si des lieux communs vous broutez les chardons,
    Vous n'êtes pas poète.

Si vous ne connaissez que les sentiers battus,
Vous n'y rencontrerez que d'uniformes thèmes,
Et vous composerez avec des résidus
    Vos ennuyeux poèmes.

On a dit mille fois que le petit ruisseau
Sur un lit de cailloux se promène et murmure;
Que la brebis docile et l'innocent agneau
    Boivent son onde pure;

Que les flots courroucés de l'immense Océan
Au hardi matelot font une rude guerre;
Qu'une haute montagne est un puissant géant
    Dominant sur la terre;

Que le bœuf, attentif aux coups de l'aiguillon,
Du sol, qui lui résiste, entr'ouvre les entrailles,
Et prépare un abri, dans un profond sillon,
    Aux prochaines semailles.

Si vous entreprenez de vanter la beauté
Des étoiles du ciel ou de la blanche lune,
Vous n'en finissez pas d'admirer la clarté
    Qui combat la nuit brune.

On a tant rimaillé, sur des tons si divers,
Pour la reine des nuits, qu'il est, à notre époque,
Impossible à peu près de lui faire des vers,
    Sans battre la breloque.

Si la muse timide impose l'embargo
A toute idée éclose au fond de votre tête,
Des paroles d'autrui vous n'êtes que l'écho,
    Et non pas un poète.

Laissez donc à Pégase, emporté dans les airs,
La liberté d'avoir les lèvres débridées
Et de se promener au milieu des éclairs
    Du monde des idées.

P. St-Olive.

LE PATER.

Grand Dieu qui remplis tout de ta sublime essence,
Dont la gloire est aux cieux, tremblants en ta présence,
Toi l'Etre créateur, l'Eternel, l'Infini,
Tu veux que les mortels t'appellent notre Père !
Notre est pour rappeler que chaque homme est un frère.
Père quel nom plus doux ! que ce nom soit béni.
Ah ! viens régner sur nous, céleste Providence,
Et graver en nos cœurs ton adorable loi ;
Sans cesse remplis-les de l'ardente espérance
De parvenir au ciel, d'y régner près de toi.

Qu'ici-bas tes enfants, te consacrant leur vie,
Respectueux, soumis, aiment ta volonté,
Ainsi que les élus dans la sainte patrie
L'adorent pleins de joie et pour l'Eternité.
En nous donnant le pain qui soutient notre vie,
Verse sur nous ta grâce et ton divin amour ;
En toi que nous vivions et que l'Eucharistie
Soit de l'heureux chrétien le pain de chaque jour.
Oubliant tes bienfaits, l'homme pervers t'outrage
Comment fléchir un Dieu justement irrité ?
Toi-même nous l'apprends, maître infiniment sage,
Et nous donne un moyen digne de ta bonté :
Pardonnez, nous dis-tu, l'offense de vos frères ;
Ma clémence, en retour, vous offre le pardon
Vous reverrez en moi le plus tendre des pères.
Qu'à jamais, ô mon Dieu ! soit loué ton saint nom.

Sophie Ballyat.

LA FORÊT VIERGE.

« Reste, ô ma jeune Américaine,
Sous la feuillée au vaste essor,
Qui de l'Eden contemporaine
N'a point subi d'atteinte encor.
Toute à Dieu, dans ta foi profonde,
Où pourrais-tu l'adorer mieux ?...
La forêt vierge est ton seul monde,
Oui, ton seul monde... avant les cieux !

« Oh ! crains pour ta couronne d'ange,
Qu'abritent ces chastes rameaux !
Crains, dans l'exil, l'affreux mélange
De nos plaisirs et de nos maux !

Les cités, où le vice abonde,
Ne sont pas faites pour tes yeux...
La forêt vierge est ton seul monde,
Oui, ton seul monde... avant les cieux !

« L'Europe ardente, d'âge en âge,
Ne cesse, hélas ! de s'approcher ;
Recule devant cet orage,
Plutôt que de l'aller chercher.
Prie, enfant, de peur qu'il ne fonde
Sur ces grands bois qui sont si vieux !...
La forêt vierge est ton seul monde,
Oui, ton seul monde... avant les cieux !

« Et s'il faut que l'avide flamme
Dévore aussi ton berceau pur,
Fais des vœux pour que ta belle âme
Monte avec elle dans l'azur.
Sous la verdure qui t'inonde,
Vis et meurs reine de ces lieux !
La forêt vierge est ton seul monde,
Oui, ton seul monde... avant les cieux ! »

Ainsi parle une voix touchante,
Pour retenir l'enfant des bois,
Et, dans les bois, tout ce qui chante
S'unit en chœur à cette voix ;
L'oiseau, la brise, l'arbre, l'onde,
Ange, ont fait taire tes adieux !...
— La forêt vierge est ton seul monde,
Oui, ton seul monde... avant les cieux !

Prosper DELAMARE.

Le Gérant, Cl. FRAMINET.   Typ. d'A. Vingtrinier.

UNE MÈRE COMME IL Y EN A PEU.

Aujourd'hui l'on voit peu de mères de famille
Sachant comme autrefois se bien faire obéir ;
A peine les enfants sont hauts comme une quille,
Que maîtres au logis ils veulent tout régir.
Les mères, soi-disant, sont pleines de tendresse,
Et de leurs rejetons les pleurs leur font pitié !
Moi je nomme crûment cela de la faiblesse :
Enseigner les devoirs est meilleure amitié.
Je sais bien que parfois vous vous croyez sévères,
Vous faites les gros yeux, mais riez en dessous,
Et votre enfant malin, jeunes pères et mères,
Lance un regard oblique, et se moque de vous.

L'enfant est plein d'esprit, de raison, de malice,
Il voit tout, comprend tout ; préjugé, passion,
Chez lui n'ont point terni cet esprit de justice
Que Dieu lui départit avec profusion.
Sentant le prix pourtant de dame Obéissance,
Vous cherchez à lutter ; inutile combat,
Et votre tendre cœur vous condamne à l'absence
De vos chers insoumis, les pousse à l'externat.
A peine ont-ils huit ans, le couvent, le collége
Vous offre leur secours ! vous êtes sans pitié ;
Ils partent. D'un grand poids leur départ vous allége !
Et voilà les effets d'une lâche amitié.
Mais vingt ans ont sonné. Vite, maris et places.
Loin de vous, de rechef, vos enfants sont encor.
Ma fille, dites-vous, mon fils, quoi que tu fasses
Tâche de bien gagner ; car le bonheur c'est l'or.
Voilà comme, à présent, l'on sait former les hommes.
Ce vil appas de gain, qu'on apprend tout petit,
Ce besoin d'entasser, dans le siècle où nous sommes,
Dès l'enfance corrompt et le cœur et l'esprit.
Lorsqu'il fait son devoir et que pour récompense,
Tous ses actes comptés, il reçoit de l'argent,
Que veut-on en effet, que le jeune enfant pense ?
Il se dira tout bas : cette action vaut *tant*.
De ce honteux calcul se faisant une étude,
Ignorant que le bien porte en lui sa valeur,
Dans le monde plus tard conservant l'habitude
De faire tout payer, il vendra son honneur !

Sophie Ballyat.

L'IDÉAL.

> Ultra
> Processit longè flammantia mœnia mundi.
> (LUCRÈCE),

De tout regard mortel aimant mystérieux
Brille au ciel l'astre-roi d'où la clarté ruisselle ;
Dieu réside plus haut ; sur son front glorieux
Du vrai, du bien, du beau la splendeur étincelle.

Au foyer des soleils nous cherchons la clarté
Pure et comme puisée en son principe même ;
Altérés d'idéal, d'amour et de beauté
Nous regardons vers Dieu, vers la source suprême.

Nos désirs enflammés ont l'infini pour but.
Loin d'un monde imparfait où tout s'altère et change
Nous portons devant Dieu, comme un riche tribut,
Nos aspirations vers un bien sans mélange.

Dans l'espace et le temps, pauvre esclave enfermé,
Le jour qui me sourit, le sillon que j'achève
Suffisent à mon corps pour d'humbles soins formé ;
Mais voici que mon cœur souffre, interroge ou rêve...

Des ailes, pour voler à travers le ciel bleu !
Des ailes, pour m'enfuir loin du lieu d'esclavage !
Je reste et cependant je vous vois, ô mon Dieu !
Qui me tendez les bras sur un autre rivage.

Loin des brouillards confus du mortel horizon
J'irai, comme l'oiseau que la lumière appelle,
Vers l'éclatant foyer qui sur notre prison
Répand de l'art divin la splendeur immortelle.

Des ailes, pour m'enfuir loin d'un monde où la mort
Outrage la beauté dans le sépulcre enclose. —
Dans un moule idéal le caprice du sort
Semble tout ébaucher sans finir nulle chose.

Dans notre ciel mêlée à mille illusions
En vain la vérité resplendit sous un voile ;
C'est peu de soupçonner l'éclat de ses rayons
Et le reflet lointain fait regretter l'étoile.

Tu parles, ô Devoir , mais notre âme souvent
Ecoute, au lieu de toi, la chanson des sirènes ;
Vers l'éternelle loi nous voguons, mais le vent
Vient détourner du port nos tremblantes carènes.

Dans les bosquets sacrés d'un primitif Eden,
Beauté, Dieu te créa, mais jaloux de son rêve
Il ne laissa flotter de ce rêve divin
Qu'un reflet éloigné sur le front pâle d'Ève.

Pourquoi ne pas finir votre œuvre commencé,
Mon Dieu, pourquoi jeter dans une âme imparfaite
Les aspirations du désir insensé,
Désespoir de l'artiste, hélas ! et du poëte !

Des ailes ! donnez-moi des ailes pour voler,
Comme l'aigle au soleil, vers le but de ma vie,
L'idéal !- Donnez-moi, grand Dieu, de contempler
De vos perfections l'étendue infinie.

Des ailes, pour voler à travers le ciel bleu !
Des ailes, pour m'enfuir loin du lieu d'esclavage !
Je reste et cependant je vous vois, ô mon Dieu,
Qui me tendez les bras sur un lointain rivage !...

J.-Et. Beauverie.

IL ÉTAIT DEUX ORPHELINES.

VILLANELLE.

Il était deux orphelines,
Jeunes sœurs à marier.

Aux chapelles, dès matines
Jusqu'à l'angélus dernier,
Berthe par monts et collines
Passait les jours à prier.

Il était deux orphelines,
Jeunes sœurs à marier.

Dès l'éveil des églantines,
S'arrachant à l'oreiller,
Claire au fil de ses bobines
Ne cessait de s'employer.

Il était deux orphelines,
Jeunes sœurs à marier.

Le pasteur de nos chaumines
Vint un soir à leur foyer,
Du fin fond de ses ravines,
Par ainsi les conseiller :

« Salut ! belles orphelines
Jeunes sœurs à marier. »

« Ce sont deux choses divines
Que prier et travailler,
Mais qu'ensemble, mes voisines,
Il faut savoir allier. »

Notez ça, les orphelines...
Ou tout autre à marier !

Hipp. Guérin de Litteau.

LE VIEUX CHÊNE.

ÉLÉGIE.

C'était le roi des monts..... Sous la voûte azurée,
Sa tête se perdait ; large, démesurée,
Pleine d'une imposante et fière majesté.....
Frappé de sa grandeur, on sentait que la force,
Et la sève abondaient sous la rugueuse écorce
De ce géant des bois, par Cybèle allaité !.....

Car Cybèle l'aimait cet aïeul des grands chênes :
De fluides féconds elle abreuvait ses veines,
Et de sucs nourriciers lui prodiguait les flots ;
Elle entourait ses pieds d'un vert tapis de mousse,
Qu'elle semait de fleurs à l'odeur fraîche et douce,
Pour qu'on y vînt goûter les charmes du repos.....

Pauvre arbre, il est déchu ! Plus de vagues murmures,
D'accords mystérieux vibrant dans ses ramures ;
Adieu les nids chanteurs, joyeux et palpitants,
Adieu le peuple ailé, voltigeant sur les branches,
Adieu les frais tapis, de mousse et de pervenches,
Brodés de mille fleurs, sous les doigts du printemps !...

Sa couronne est flétrie et son écorce aride ;
Sur son haut front, le temps a de plus d'une ride
Gravé la rude empreinte, avec sa lourde main ;
Un vent triste et plaintif roule autour de la cime,
Semblable à ce bruit sourd, qui monte d'un abîme,
En lugubres échos et court sur le chemin.

Comme pour contenir l'espace sous son ombre,
Autrefois s'allongeait, ainsi qu'une nuit sombre,
L'entassement touffu de ses puissants rameaux.....
Du vieux roi dépouillé la pâle chevelure
Peut à peine aujourd'hui, sous sa rare verdure,
Abriter à demi le pâtre des hameaux.

L'aurore, le touchant de sa clarté première,
Au faîte, lui posait un bouquet de lumière,

Comme un panache d'or flamboyant et vermeil ;
Et puis, le couronnant de ses splendeurs écloses,
Au feuillage mêlait des touffes de ces roses
Qu'aux sentiers du matin fait fleurir le soleil.

L'astre du jour, lassé de sa poudreuse route,
Laissait son char rougi, sur la sublime voûte,
Modérer son essor, aux approches du soir,
Et semblait, oscillant sous les rameaux antiques,
La flamme balancée, au fond des saints portiques,
Par de pieuses mains, dans l'or de l'encensoir.

Maintenant, quand la nuit envahit nos royaumes,
Ses longs bras décharnés sont autant de fantômes,
Qui surgissent dans l'ombre, et troublent la raison.
Et de loin, sur son sein, quand la lune se penche,
On dirait un lambeau de quelque étoffe blanche,
Comme un pâle linceul, flottant à l'horizon.

L'aigle volant aux cieux défier la tempête,
Pour échelon souvent prenait sa large tête,
Déployant mieux, de là, son indomptable élan.
Tout est morne aujourd'hui..... la cime désertée,
Par les hôtes de l'air n'est jamais visitée,
Et l'on dirait le front dévasté d'un Titan !.....

L'éclair l'a ravagé..... De la nue entr'ouverte,
La foudre en s'échappant sécha sa tête verte,

Comme ces feux sacrés qui consumaient l'autel ;
La foudre sur ses flancs a creusé son passage.
Ainsi le noir chagrin laisse sur le visage,
Où s'imprima son ongle, un sillon immortel.

Mais, dans la vieille écorce, une ruche bourdonne,
Et, pour payer son toit, une abeille lui donne
Son miel, tribut fécond, son miel blond au regard.
Ainsi le ciel dotant de force la jeunesse,
La femme de beauté, l'âge mûr de sagesse,
Conserve, heureux trésor, la douceur au vieillard !

Gabriel Monavon.

CONSOLATION ! (1)

Il faut aimer ! — Tout le dit sur la terre,
De chaque fleur éclose pour charmer,
Du fin zéphir qui baise l'onde amère, —
..... Ce mot si doux s'échappe avec mystère : —
Il faut aimer !.....

Il faut aimer ! — dit l'oiseau sur la branche,
Et l'arbre semble à ses chants s'animer !.....

---

(1) Suite à *Mélancolie* : voir page 275, de la *Muse des familles*, 1ʳᵉ année 1857.

Et vers la mer — la lune qui se penche —
Dit en jetant sa clarté douce et blanche : —
    — Il faut aimer !.....

Il faut aimer ! — Et toi-même, poète, —
Toi si plaintif et prompt à t'alarmer.....
Pour *consoler* cette Muse inquiète,
Écoute enfin — cette voix qui répète : —
    — Il faut aimer !.....

Vicomte DE CHARNY.
(K. de R.)

L'ABEILLE AU PAPILLON.

SONNET.

Volage papillon, sur le sein de la rose
Ne viens plus te poser, ravisseur criminel ;
Sache que c'est pour moi, coquet, qu'elle est éclose ;
Avec le suc des fleurs je compose mon miel.

Toi tu ne connais pas cette métamorphose,
Tu ne produis pas plus de douceur que de fiel ;
Tu n'as pas même, hélas ! une demeure close,
La paresse te livre à tous les vents du ciel.

Tu n'es bon qu'à briller tandis que tout travaille :
Vois, la fourmi charrie au nid le brin de paille
Et l'oiseau porte au sien la mousse de nos bois.

Mais toi, tu dois mourir aux premiers froids d'automne,
A moins que quelque enfant que ta parure étonne
Ne t'écrase bientôt dans ses fragiles doigts.

Antoine Mollard.

LE CHEVALIER ET LE ROSSIGNOL.

BALLADE FANTASTIQUE, IMITÉE DE L'ALLEMAND.

A M. Fernand Lagarrigue.

Je connais un château bâti sur la montagne,
Un tilleul est auprès couvrant tout à l'entour ;
Un pauvre rossignol, sans nid et sans compagne,
    Tout au sommet fait son séjour.

Voilà que sur minuit, venant de Terre-Sainte,
Arrive tout à coup un vaillant chevalier ;
De l'oiseau gémissant il écoute la plainte ;
    Il arrête son beau coursier.

   — Gentil oiseau, dans ma demeure
   Je t'offre l'hospitalité.
   — Il est vrai qu'en ces lieux je pleure,
   Mais j'ai du moins ma liberté !

   — Tu souffres quand l'hiver t'assiége
   Et quand l'été répand ses feux.
   — Ce n'est ni l'été ni la neige,
   Qui me rendent si malheureux !

J'avais un frère, il est parti ;
Il est à cette heure englouti
Dans les flots de la mer profonde.
La fée a brisé mon berceau,
Et de moi fait un pauvre oiseau,
Le plus triste du monde !

Le chevalier prend l'oiseau dans sa main,
Tire un poignard dont la lame scintille,
Malgré ses cris, il lui perce le sein,
Et l'oiseau devient jeune fille.

— Je suis ton frère, et j'ai brisé les charmes
Qui d'un oiseau te donnaient les destins.
La Terre-Sainte est libre par nos armes ;
Reviens, ma sœur, t'asseoir à nos festins.

Aimé Vingtrinier.

EPITRE A LA SOEUR ***

Religieuse dans le couvent de ***

Aujourd'hui mon esprit, s'envolant dans l'espace,
Indiscret voyageur, pénètre en votre classe.
Je vous l'ai dit, ma sœur, je désirais vous voir
Exerçant doucement le suprême pouvoir,
Dans le petit royaume, où tant de jeunes filles
A vos yeux, comme aux miens, paraissent si gentilles.
Elles semblent se plaire à vos bonnes leçons,
Et vous n'avez jamais hasardé des soupçons.

Mais peut-être déja ces timides élèves
Fabriquent en secret de bien étranges rêves.
Leurs songes, embellis de toutes les splendeurs
Que le luxe promet à ses adorateurs,
Font luire à leurs regards de séduisants modèles,
De monstrueux jupons, de coûteuses dentelles,
Des salons, des boudoirs, et tous ces faux plaisirs
Qui laissent trop souvent de cuisants repentirs.
Couvertes de bijoux et brillantes sirènes,
Du bal resplendissant on les proclame reines ;
La rivale étonnée ouvre un œil interdit
Et dessèche bientôt d'envie et de dépit.
L'idéal d'un époux n'est pas un petit ange
Bien aimé du bon Dieu : c'est un agent de change,
Un homme qui conduit la vie à fond de train,
Qui permet la toilette et le luxe sans frein.
« Comment, me direz-vous, en de si jeunes têtes
Éclateraient déjà de pareilles tempêtes !
Mais c'est bien impossible et vous ne savez pas,
Avec quel soin jaloux nous veillons sur les pas
Des enfants confiés à notre vigilance.
Du monde et des plaisirs la tranquille ignorance,
Dans une heureuse paix conservant leur esprit,
Assure à nos leçons le plus entier crédit. »
Je voudrais bien, ma sœur, ainsi que vous le dites,
Qu'il vous fût accordé de poser des limites
Au menaçant progrès d'un luxe dissolvant ;
Mais vous vous abusez : lui même, le couvent,
Malgré tous les barreaux d'une étroite clôture
Laisse au malin esprit une large ouverture.
La jeune fille, avant d'en dépasser le seuil,
A déjà, sans trembler, touché plus d'un écueil.

L'exemple est un poison qui porte ses souillures
Dans les replis cachés des meilleures natures,
Et telle, qui peut voir sa mère allant au bal,
A bientôt ressenti les atteintes de mal.
Elle a souvent appris combien de tolérance
La belle dame accorde aux lois de la décence.
Ne croyez pas, hélas ! que votre enseignement
Efface tout à coup celui de la maman ;
Et qui pourrait savoir si la mère elle-même
Sur vos leçons ne jette un stupide anathème ?
D'ailleurs, sachez-le bien, toute fille, en naissant,
Paraît prête à marcher sur le terrain glissant,
Où le mari, qui veut la paix dans le ménage,
Est tenté de courir en pompeux équipage.
Je crois, en vérité, qu'il règne dans les airs
Un orage énervant, dont les brillants éclairs
Fascinent les regards par des clartés nouvelles,
Pervertissent les cœurs et fêlent les cervelles.

J'en conviens avec vous : c'est un rude travail
D'expulser l'ennemi caché dans le bercail.
Si j'indique le mal à votre prévoyance,
Je voudrais bien aussi vous donner la science
D'arrêter à coup sûr son envahissement :
Je cherche le remède en votre enseignement.
Un triomphe complet n'est pas chose facile ;
Mais plus le but est grand, plus est fort le mobile.
Touchez d'abord le cœur, et petit à petit
Votre voix finira par éclairer l'esprit.
Voulez-vous à la fin que le monstre recule ?
Employez contre lui l'arme du ridicule.

Fouettez-le chaque jour ; ne le ménagez pas,
Malgré son faux éclat de moire et de damas.
En face du démon ne perdez pas courage,
Et Dieu, croyez-le bien, bénira votre ouvrage.

P. St-Olive.

LE PETIT PÈRE ANDRÉ.

HISTOIRE BADINE.

Le petit Père André, l'honneur de son couvent,
Fut bon prédicateur et moine bon vivant.
Les Capucins toujours vantèrent sa mémoire :
Ils sont fiers et surpris qu'une si haute gloire
Ait endossé le froc et pratiqué les lois
Qu'à ses enfants barbus imposa saint François.

Le Père André prêchait un carême à Marseille ;
Il pérorait au mieux, confessait à merveille.
Tour à tour dans la chaire, au confessionnal,
Le public affluait au double tribunal ;
Des gens du port surtout il eut la confiance.
Le Père à ces lourdauds donnait pour pénitence
Non point des oraisons, des *Pater*, des *Ave*,
Mais, songeant au tourment par lui-même éprouvé
Quand des graviers aigus sous la plante se glissent
Et pressent la sandale aux orteils qu'ils meurtrissent,
Pour fixer le remords dans l'âme du pécheur
Voici l'expédient du rusé confesseur :

« Dans chacun des souliers ou sabots vous mettrez
« Trente pois des plus gros, et vous visiterez
« Notre-Dame du Fort, au haut de la colline. »
Ces pois opéraient mieux que la grâce divine
Sur les pécheurs contrits qui, boitant et perclus,
Disaient : « A mes péchés je ne reviendrai plus ! »

Deux mariniers un jour tentaient cette escalade ;
L'un, marchant ferme et droit, dit à son camarade :
— « Tu jures dans ta barbe et par moment tout haut,
« Tu fais à chaque pas grimace et soubresaut,
« Qu'as-tu donc ? »
    — « Ce que j'ai ? Parbleu, la pénitence ;
« Les pois dans les souliers... Ahi ! quelle souffrance ! »
— « N'est-ce que ça ? les pois ; n'en ai-je pas aussi ? »
— « Toi ? »
  — « Moi, je n'y sens rien. »
      — « Je suis moins endurci.
« Avec ces maudits pois je ne puis me conduire.
« Toi, comment donc fais-tu ? »
    — « Comment ?... Je les fais cuire. »

BONIFACE.

Les développements que la MUSE DES FAMILLES prend de jour en jour ne nous permettent plus de laisser toute son administration concentrée dans les mêmes mains. A partir du prochain numéro, M. le vicomte DE CHARNY devient notre rédacteur en chef. Le jeune et brillant écrivain recevra la correspondance, les échanges et les poésies ; les abonnements, les réclamations et les mandats continueront à être adressés à M. Claudius FRAMINET.

Le Gérant, CL. FRAMINET.   Typ. d'A. Vingtrinier

A LA MUSE DES FAMILLES.

    Une plante simple et sauvage
    Vivait sous les bords d'un rocher,
    Dans le solitaire ermitage,
    Seule elle aimait à se cacher.

Elle ne connaissait ni l'abeille gentille,
Ni le beau papillon dont le vêtement brille,
Pour la cueillir l'enfant n'était jamais venu,
Bref, pour tous son parfum demeurait inconnu.
Mais un jour le zéphir pénétra dans l'asile
Où la modeste fleur vivait seule et tranquille;
Il saisit son parfum, et, prompt comme l'éclair,
      Il disparut dans l'air!
Mais il revint bientôt, comme un ami fidèle,
Joyeux, et rapportant ses trésors sous son aile.

—Écoute-moi, dit-il : si j'ai pris tes odeurs
C'est pour les présenter à tes divines sœurs,
La rose, le jasmin, l'œillet, le lis superbe,
Ont bien voulu s'unir à toi qui vis dans l'herbe.
Tu sers donc à former le parfum précieux
Que je porte aujourd'hui sous la voûte des cieux.

La simple fleur était ravie,
Elle respirait l'ambroisie
Que répandait le doux zéphir !
—Je suis heureuse disait-elle,
Grâce à toi, messager fidèle,
— Mon faible parfum va servir !

O toi ! *La Muse des Familles*,
N'es-tu pas ce doux messager,
Qui passe au milieu des charmilles,
Dans le jardin et le verger ?
N'es-tu pas celui qui visite
L'asile des plus simples fleurs,
Et qui pour elles sollicite
Quelques sourires protecteurs !

A toi merci ! ton œuvre est sainte,
Ta course ne saurait finir !
Sois joyeuse et marche sans crainte,
Toutes les fleurs vont te bénir !

Clotilde JANTET.

COUP DE PLUME !

Jadis pour épouser ou fille ou demoiselle,
L'épouseur demandait : — Est-elle sage ou belle?
... Et, sur l'affirmative, — il lui donnait la main !...
Mais dans ce siècle-ci, — positif et plus fin, —
Il ne s'informe pas quel sera son destin !
Si sa femme sera bonne... douce et... fidèle...
    Il demande : Combien a-t-elle ?

Kuntz de Rouvaire.

LA WILNA DU GUÉ (1).

LÉGENDE BRETONNE.

A Th. de Banville.

O voyageur, en poursuivant ta course
    Insouciant et gai,
Quand vient la nuit, ne trouble pas la source
    De la Wilna du Gué !

---

(1) L'auteur de la pièce suivante, — M. Jules Adenis — nous parlant de son fils et aussi de la *Muse des Familles*, — nous dit avec une tendresse paternelle et poétique : — « Si Dieu lui prête vie, ce sera le premier livre dans lequel il apprendra à penser ! » Bel éloge dans la bouche du poète et de l'auteur dramatique, — éloge que nous renvoyons à qui de droit, — c'est-à-dire aux collaborateurs si pleins de dévouement et de zèle pour la *Muse des Familles*, — pique-nique de l'esprit et de la pensée — comme le dit si spirituellement notre nouveau Collaborateur, — M. Jules Adenis.

La Direction de la Muse des Familles,
Vicomte de Charny.

100

Les Wilnas sont les Reines
Des sources, des fontaines,
Et quand descend le soir,
Si quelque téméraire
Vient troubler l'onde claire,
D'une Wilna sévère,
Il tombe en son pouvoir !

Suivant un vieil adage,
Loïz, un soir d'orage,
Fut englouti soudain.
Près la source glacée,
Longtemps, sa fiancée
De douleur insensée,
L'attendit... mais en vain !

Pauvre Loïz, il poursuivait sa course
    Insouciant et gai,
Quand, par malheur, il vint troubler la source
    De la Wilna du Gué !

Le soir, dans la vallée,
Une sœur désolée
Vient l'appeler souvent.....
Et quand la nuit arrive,
Écho d'une autre rive
C'est une voix plaintive,
Qui répond doucement :

O voyageur, en poursuivant ta course
  Insouciant et gai,
Quand vient la nuit, ne trouble point la source
  De la Wilna du Gué!

Jules ADENIS.

LA LANTERNE DE DIOGÈNE.

FABLE.

Diogène, un beau jour, sa lanterne à la main,
Cherchait, en plein midi, dans la ville d'Athène,
Un homme, n'ayant pas seulement face humaine,
  Mais quelque chose de divin,
Comme son vieil ami le podagre Antisthène,
Quand, passant dans un lieu des mortels respecté,
  Où de l'ardente charité
Un temple s'élevait, il lui sembla voir comme
Un vieillard gros et grand, rempli de majesté,
  Un beau vieillard ayant, en somme,
Tous les dehors fleuris d'une chère santé.
—«Seigneur, oh! par pitié, donnez-moi quelque aumône,
Lui dit le mendiant, adoucissant sa voix,
« Une obole! un denier, peu me suffit, je crois,
« Et j'implore les Dieux pour celui qui me donne. »
— « Que, dans ce cas (c'est tout ce que je puis),
« Ma bénédiction te suffise, ô mon fils, »
Répondit le pontife, en rentrant dans le temple.
Diogène, étonné d'un si funeste exemple,
S'éloigne de ces lieux et va chercher plus loin,
Sans bruit, sans faste et sans témoin,
L'être heureux et parfait qu'en son âme il contemple.

Tout en marchant,
Le cynique aperçoit le comptoir d'un marchand,
Où l'or, l'argent, l'ivoire et la jaune topaze,
Fleurs de grenat, voiles de gaze,
Anneaux, miroirs, bijoux, flambeaux, siéges divers,
Tous les trésors de l'univers,
Réunis, confondus, avec un luxe extrême,
A tenter les passants servaient de stratagème.
Une femme était là ; les femmes de tout temps,
Hélas ! ont fait des mécontents,
Je le sais bien. Et quoi qu'on fasse et que l'on dise,
On n'empêchera pas au ruisseau de couler,
A l'homme d'être injuste, à nos femmes d'aller
La paysanne au four, et la dame à l'église,
L'une se faire voir, et l'autre pour parler.
La nôtre venait donc choisir dans la boutique,
Le vermillon, l'ancuse et la toison antique,
Le manteau rattaché par des agraffes d'or,
Le cothurne crétois, et vingt choses encor,
Sans compter la coiffure et la tyrrhénienne
Et, pour la promener en laisse sur le port,
Un collier d'ambre pour sa chienne.
Pendant qu'elle achetait l'encycle rétréci,
— Car, dans ce temps-là, Dieu merci !
On n'eût pas inventé l'affreuse crinoline, —
Diogène lui dit, d'une voix bien câline,
Et tout honteux, tendant la main :
— « Vous dépensez pour vos plaisirs, Madame ;
« N'aurez-vous pas compassion dans l'âme,
« D'un malheureux tourmenté par la faim ? »
— En vérité, lui dit notre élégante,
« Ta misère me fait pitié,

« Tiens, mon ami, va-t-en dans le quartier,
« Acheter un pain d'orge. » Et la dame fringante
Au mendiant jeta presque un denier,
Ensuite, elle donna gaîment au sycophante,
Douze pièces d'argent pour le prix d'un collier.
Le cynique s'en fut, en se grattant l'oreille :
« Vit-on jamais, dit-il, impudence pareille,
« On donne au malheureux un denier pour tout bien,
« Et douze pièces d'or, pour le collier d'un chien. »
  C'était d'argent qu'il fallait dire,
Mais quand on est colère, hélas ! remarque-t-on
  Si c'est Bertrand ou bien Raton,
Qui croque les marrons, ou du feu les retire ?
Cependant que, plongé dans ces réflexions,
Le misanthrope, à bout de malédictions,
  Tout clopin-clopant s'achemine,
  Parfois parlant; parfois tournant,
  Selon l'état de son humeur chagrine,
  Passe le roi de Salamine,
  Dont le char va l'éclaboussant,
    En passant.
  Diogène aussitôt courant à la portière,
  Adresse au Roi cette prière :
« — Arrête, fils des Dieux ! arrête, écoute-moi ! »
— « Va-t-en, rustre, va-t-en ! s'écrie alors le Roi ; —
« Vous, dit-il à ses gens, empoignez-moi cet homme,
  « Et qu'on le pende ou qu'on l'assomme,
  « Sans autre forme de procès ! »
Ce procédé, ma foi, n'était pas très-français,
  Je le proclame à notre gloire,
  Mais revenons à notre histoire.
Parmi les serviteurs du monarque insolent,

Se trouvait un esclave, amené de Corinthe ;
　　Loin d'être arrêté par la crainte
　　De son maître et du châtiment,
Il sauve le vieillard et, d'une douce étreinte,
Sur le bord d'un fossé, le dépose sanglant.
　　Ensuite, tirant de sa bourse
Un denier ! c'était là son unique ressource,
De ses biens confisqués tout ce qui lui restait,
　　En face du tyran qu'il brave,
　　Il fait l'aumône, lui, l'esclave,
　Au malheureux que la faim tourmentait.
— « O Dieux ! s'écrie alors notre heureux philosophe,
« J'ai donc enfin trouvé l'homme que je rêvais,
« Et parmi les seigneurs, les grands et les mauvais,
« Tous dans le vice impur taillés en pleine étoffe,
« Cet homme est un esclave, et moi, je le bravais ! »
　　Il dit. — Et près d'une poterne,
　　Il fut gémir sur tout cela,
　　Puis il éteignit sa lanterne,
　　Et l'apologue finit là !

Léon Gontier.

ÉPITRE A LA SOEUR ***

Religieuse dans le couvent de *** (1).

Serait-il vrai, ma sœur, que, pleine de malice,
En approuvant mes vers vous soyez ma complice,

(1) Une erreur de *mise en pages* a interverti l'ordre des pièces de M. Paul St-Olive et fait passer la seconde avant la première ; nous donnons aujourd'hui celle qui devait être insérée dans le précédent numéro. Vicomte de Charny.

Et que sans charité vous preniez du plaisir,
Quand un ours impoli se permet d'aplatir
L'excès envahissant des jupes saugrenues,
Qui se chargent du soin de balayer nos rues ?
Vous riez, j'en suis sûr, de voir ces chaperons,
Fabriqués pour les dos et non pas pour les fronts.
Vous ne connaissez pas, ô sœur trop innocente,
Les devoirs imposés par la vie élégante :
Si le chapeau sans bord est la suprême loi,
C'est qu'il n'est plus reçu d'avoir des dents à soi.
Les rhumes de cerveau sont une bagatelle,
Quand on tient à la main un mouchoir de dentelle :
C'est une occasion de montrer le haut prix
De ses dessins brodés à tous les yeux surpris.
Vous n'imaginez pas quelle folle dépense
Demande cet objet de si haute importance,
Et qui semble exiger un tour des plus adroits,
Pour pouvoir se moucher sans se salir les doigts ;
Car ces dames, hélas ! tout comme le vulgaire,
Ont un nez importun qui veut se satisfaire.

Puisque je suis ici lancé sur le terrain
Que le parfait bon genre habite en souverain,
Je vais vous enseigner l'ignorance profonde,
Où vous marchez, ma sœur, des choses du beau monde
Et si vous m'écoutez, vous comprendrez bientôt
Que la paix du couvent n'est pas un mauvais lot.

Quand vous voyez passer une dame à la mode,
Encombrant le trottoir d'une robe incommode,
Faisant de la poussière, et dont le nez au vent
Attire les regards, comme un soleil levant,

Sûrement vous pensez que ces fières allures
Ne peuvent qu'indiquer d'heureuses créatures ;
Et si vous déplorez ce triste égarement,
Qui leur fait préférer les plaisirs du moment
A ce règne du ciel que votre cœur espère,
Vous présumez au moins que, reines sur la terre,
Nos fringantes beautés, jouissant du bonheur,
Sous chacun de leurs pas font surgir une fleur.
Combien vous vous trompez ! la joie et les délices
Ne logent pas toujours dans le fond des coulisses :
Il ne faut pas se prendre à de brillants dehors,
Et si vous pénétrez derrière les décors,
Vous vous étonnerez de toutes les misères,
Que recouvrent parfois des toiles mensongères.
Pensez-vous que madame ait toujours pu payer
Le damas étalé sur son jupon d'acier ?
Le mari tout surpris, en recevant le compte,
Brusque le créancier et croit qu'il fait un conte ;
Mais il le solde enfin ; le soir dans le huis clos,
Un orage secret, sans troubler les échos,
Fait briller les éclairs d'un étrange langage,
Et jusqu'au lendemain agite le ménage.

Vous, ma sœur, vous dormez dans un calme parfait,
Et quand, de bon matin, le soleil apparaît,
Nourrissant votre esprit du pain de la prière,
Vous reprenez gaîment la tâche journalière.
Dans le malheureux monde où je conduis vos pas
On s'agite toujours et l'on ne s'endort pas.
Le luxe est un fardeau qui veut des reins solides ;
C'est un maître absolu qui lève des subsides !

Celui qui se soumet à ce prince exigeant
A besoin de trouver beaucoup d'or et d'argent ;
Mais la Californie est un lointain rivage :
Il ne peut pas y faire un facile voyage.
Il va donc à la Bourse, et sur cet océan
Espère naviguer en devenant forban.
Ce malheureux se trompe ; un plus rusé corsaire,
Lui présentant l'appât d'une brillante affaire,
Le suspend au crochet d'un perfide hameçon.
La Providence en vain a donné sa leçon ;
On se bouche les yeux, et l'aveugle ménage
Rêve encore longtemps de luxe et d'équipage ;
L'orgueil ne consent pas à s'avouer vaincu,
Et conserve l'espoir juqu'au dernier écu.
Tout va de mal en pis, et si la catastrophe
Oblige à retrancher quelques mètres d'étoffe
Au contour qui grossit madame Turcaret,
On peut en être sûr, le désastre est complet.

Vous le voyez, ma sœur, par cette courte esquisse,
Dans le monde élégant tout n'est pas bénéfice ;
Tandis que sous l'abri d'un tranquille couvent
On n'entend plus gronder le tonnerre et le vent,
Et les nombreux soucis que le monde accumule
Ne troublent pas la paix de la simple cellule.

Si le crin et l'acier, si les jupons bombés,
Et si les chapeaux nains sont chez vous prohibés,
Vous plaisez cent fois plus à mes regards d'artiste
Que la femme acceptant les lois de sa modiste,

Et qui pense surtout produire de l'effet,
En posant sur sa taille une cage à poulet.
Je crois en vérité que nos pimpantes dames,
Malgré toute raison, malgré les épigrammes
Et malgré le bon goût, ont fait l'étrange vœu,
De gâter à l'envi l'ouvrage du bon Dieu.
Seigneur, pardonnez-leur, car cette barbarie
Est un renoncement à la coquetterie,
Et le sexe, aujourd'hui, pris d'un accès nouveau,
Refuse de porter l'épithète de beau.

Si vous le permettez, mon indiscrète muse,
Pénétrant au couvent où vous êtes recluse,
Et jusqu'en votre classe apportant sa leçon
Une autre fois encor viendra parler raison.

Paul St-Olive.

LE NAUFRAGÉ.

ROMANCE.

Sur un vaisseau qui voguait vers la France,
Un matelot disait avec transport :
« Après sept ans d'une pénible absence,
« Qu'avec bonheur on aperçoit le port !
« Pays natal, sur le lointain rivage,
« Je te gardais mes vœux et mon amour,
« Enfin, je touche au terme du voyage,
« Et de mes ans voici le plus beau jour ! »

Le seul aspect de sa chère patrie
Remplit son cœur, et de joie et d'espoir,
Mais la tempête éclate avec furie,
De longs éclairs sillonnent le ciel noir.
Vers le navire une mer mugissante,
Roule ses flots prêts à l'ensevelir.
Battu des vents, en proie à la tourmente
Sur un écueil, voyez-le s'engloutir !.....

Seul au milieu des débris du naufrage,
Le matelot luttait contre la mort.
A la tempête opposant son courage,
Il espérait pouvoir gagner le port.
Mais pour toucher cette terre chérie,
Tous ses efforts, hélas ! sont superflus.....
En expirant, l'infortuné s'écrie :
O mon pays, je ne te verrai plus !.....

E. Darmet.

LA RAISON.

Pour nous donner un guide, un compagnon,
Le bon Dieu fit la divine raison.
Comme une mère active en sa tendresse,
A nos côtés va toujours la déesse ;
Toujours prêchant le bien, la vérité
Les ornements, chéris d'une coquette
N'altéraient pas sa nature parfaite :
Dans ses attraits rien ne fut emprunté
Ruban ni fleur ne parent sa beauté.

Dans son chemin allant droit devant elle,
Sans s'arrêter, sans prendre les détours,
Résolûment elle marche toujours,
Et dédaignant la route la plus belle,
Atteint ainsi le but de son effort;
C'est le vaisseau qui, vainqueur de l'orage,
Malgré les vents s'opposant au passage,
S'attache enfin aux amarres du port.
Mais on n'est pas avec elle d'accord !
Nous n'aimons pas sa beauté merveilleuse,
Et nous trouvons sa morale ennuyeuse.
Malgré sa voix qui montre sous les fleurs,
Mille dangers, l'épine et les douleurs,
Nous choisissons une route charmante,
Où nous surprend le vent de la tourmente.
Raison en vain cherche à nous retenir :
Nous trébuchons où luit notre plaisir.
Pour conjurer un trop certain naufrage,
De l'amitié je la vois quelquefois
Prendre les traits et le ton et la voix ;
Mais qui chérit un ami franc et sage ?
C'est un tyran, un grondeur impoli,
Qui malgré nous veut nous mettre à son pli.

L'homme tombé, la raison qui console
Lui fait encore entendre sa parole :
« Tu préféras à mon prudent conseil
L'enchantement des rêves du sommeil ;
Profite donc de cette expérience ;
A l'avenir, montre-toi plus soumis :
Écoute un peu de prévoyants amis,

Et plus n'auras une aussi triste chance ».
Mais, en dépit de sa noble constance,
Hélas ! lecteur, une seconde fois,
On se révolte et fait fi ! de sa voix.
N'écoutant pas cette céleste amie,
Qui toujours là lui montre le bonheur,
L'homme toujours va chercher la douleur.
Il se tourmente et dit, dans sa folie :
Tout n'est que maux, que chagrin, dans la vie !
De ses biens Dieu lui livre le trésor :
Au milieu d'eux il se lamente encor.
Fermant les yeux au jet de la lumière,
Où tout est fleur il ne voit que misère.
Il ne lui manque, hélas ! le croira-t-on ?
Que d'écouter un peu plus la raison.

Ch. Michel.

LE COURSIER DU XIXe SIÈCLE.

FABLE.

Un coursier noble et fier brûlait d'impatience
    De voler aux champs de vaillance,
Et trouvait bien tardif le signal des combats
Qui devaient lui donner la gloire ou le trépas.
Un cheval de bourgeois, pacifique monture,
Le raillait en ces mots : « Stupide créature,
« Qui te pousse si fort dans les plaines de Mars ?
    « Ce sont, ma foi, belles merveilles
« Que d'aller t'exposer à ces mille hasards,

« Sans compter la fatigue et le jeûne et les veilles ;
« Reste avec nous : je dors, moi, sur mes deux oreilles,
« Je mange quand je veux, j'ai du foin à souhait,
« Je promène mon maître, et ce mince bienfait
« Me vaut encore un picotin d'avoine.
« En regard de ces biens la gloire est chose vaine ;
« Jouissons de la vie et dorons notre sort.
« On arrive toujours assez tôt à la mort. »
D'abord notre coursier frémit à ce langage,
Puis toisant du regard un vaste pâturage,
  Il calma son ressentiment
  Et jugea que ce serait sage
  D'en essayer pour un moment.
Cependant le clairon sonnait pour la victoire ;
A ces sons belliqueux, le coursier hésita...
  Partit d'un trait... puis s'arrêta...
L'herbe était haute... adieu la gloire !

Notre époque fourmille en chevaux de bourgeois ;
Tous les nobles élans tendent à disparaître.
Honneur, vertu, devoir on déserte vos lois ;
  Partout je n'entends qu'une voix :
  Du bien-être, encor du bien-être !

HURAULT

Le Gérant, Cl. FRAMINET.   Typ. d'A. Vingtrinier

LE CHATEAU DELPHINAL DE CRÉMIEU.

ROMANCE HISTORIQUE.

Voyez se profiler sur cette haute roche
Que le soleil couchant empourpre de ses feux,
Ces vieux murs dentelés où le lierre s'accroche,
Et ce hardi donjon qui fend l'azur des cieux.
C'était là qu'autrefois, du haut de leurs tourelles,
Les sires de la Tour, orgueilleux châtelains,
Bravaient des ennemis les sanglantes querelles
    Et les émeutes des vilains.
Dauphinois qui passez, inclinez tous vos têtes
Devant le vieux manoir des seigneurs redoutés

Qui surent conserver, à travers cent tempêtes,
A notre beau pays ses nobles libertés.

C'était là qu'à l'abri de leurs fortes murailles
Les belliqueux barons, en de joyeux ébats,
Venaient se délasser des hasards des batailles,
Dans le sein des plaisirs rêvant d'autres combats ;
C'était là qu'au fourreau rentrant leurs bonnes lames,
Ils venaient, dans les plaids et les défis courtois,
Disputer en l'honneur et sous les yeux des dames
  Le prix des vers et des tournois.
O vous, tous qui passez, ou guerriers ou poètes,
Fouillez dans ces débris chaque vieux souvenir
De pas d'armes, d'honneur, de guerres ou de fêtes
De ces beaux temps passés pour ne plus revenir.

. . . .
. . . .

N'est-ce pas aussi là que pour la guerre sainte
Venaient se rallier les soldats de la croix ?
Ne vit-on pas encor dans cette triple enceinte
Après nos bons Dauphins résider de grands rois ?
Et ce roi si français d'une cour si polie
Qui plus souvent en paix qu'en guerre eut du bonheur,
Ne s'y complut-il pas après qu'en Italie
  Il eut tout perdu fors l'honneur ?

Oh! songez en passant, hommes de vieille roche,
Qu'ont souvent resplendi là haut les écussons
De tant de chevaliers sans peur et sans reproche
Et, comme vos aïeux, gardez purs vos blasons.

Adieu, vieux murs moussus qui croulez pierre à pierre,
Historique donjon, pittoresques remparts,
Où sur les verts réseaux de la ronce et du lierre
Viennent seuls au soleil se jouer les lézards.
On croyait, dans les temps qui vous virent construire,
Mais, hélas! foi des preux, piété des croisés,
Les révolutions vont-elles tout détruire?
      Les chevaliers sont-ils passés?
O vous tous qui rêvez, historiens, artistes,
Qui passez en riant en vantant le progrès,
Vous que toute ruine arrête, émeut, rend tristes,
Au château des Dauphins donnez quelques regrets,

Mais non! je te salue, ô modeste chapelle
Où la dévotion guide encor tant de pas,
Et qui toujours debout sur ces débris rappelle,
Qu'il n'est que Dieu de grand et qui ne passe pas!
La tombe d'un vieux preux forme aujourd'hui ta dalle,
Où l'humble vient prier et le penseur s'asseoir,
L'oratoire survit à la tour féodale,
      Le jour de Dieu n'a pas de soir.

Sachons être chrétiens et Français de notre âge,
Et sans désespérer sachons nous souvenir.
Sous le regard de Dieu marchons avec courage,
Une larme au passé, mais foi dans l'avenir !

J. La Bonnardière.

COURAGE.

SONNET.

A M. Abel Jannet.

Macte animo, generosa puer !

Tes mains ont pris le fouet de la satire ;
Tu vas daubant le ridicule humain :
La tâche est rude ; et plus d'un qui fait rire
Sent la douleur lui dévorer le sein.

Si le méchant s'irrite et te déchire,
Console-toi : c'est ainsi qu'il admire ;
Et te vengeant par un noble dédain,
Avec courage, ami, suis ton chemin.

Si ton cœur saigne, et si, sous tes paupières,
Tu sens courir quelques larmes amères,
Laisse saigner ton cœur, pleurer tes yeux.

Car les pleurs sont une féconde pluie ;
Car la souffrance est un présent des cieux ;
Car sans le cœur il n'est point de génie.

Louis Audiot.

LE BÉNÉDICITÉ (1).

O mes fils ! laissez vos faucilles,
Suspendez le cours des travaux,
Et vous, un moment, ô mes filles !
Quittez l'aiguille et les fuseaux.
Venez, prenez la nourriture,
Que vous demandez, le matin,
Au père qui, dans la nature,
Étend la nappe du festin.

C'est la divine Providence,
Mes amis, ne l'oubliez pas,
Qui vous a fait cette abondance,
Et qui pourvoit à vos repas.
Seriez-vous moins sages que l'âne,
Esclave du grossier besoin,
Et qui connaît, dans la cabane,
La main qui lui jette le foin ?
Que nul de vous encor ne touche
A ce lait, non plus qu'à ce miel,
Et si quelqu'un ouvre la bouche,
Que ce soit pour prier le ciel,

---

(1) Le fait de quelques moines relâchés, indociles, attentant à la vie de Saint-Benoît, ne saurait altérer en rien la gloire des Ordres religieux, qui furent, on le sait, des pépinières de saints.
(*Note de l'auteur*).

Qui nous réunit dans la joie,
Sous ce pampre, sur ce gazon,
Et qui, libéral, nous envoie
Les délices de la saison.

Benoît vivait dans la retraite,
Mais le doux parfum des vertus
Mit en renom l'anachorète,
Et trahit le pieux reclus.
Le modeste et dévot hermite
A beau se cacher aux regards,
La foule à sa porte s'agite ;
Vers lui l'on vient de toutes parts.
Quelques moines du voisinage
Vont jusqu'à proclamer abbé
Le saint qui, dans ce lieu sauvage,
A la gloire s'est dérobé.
Benoît s'épouvante, il recule ;
Aux importuns il dit : hélas !
Laissez-moi ma chère cellule,
Nos mœurs ne se conviennent pas.
Cédant enfin, le solitaire
Avec eux se met en chemin ;
Bien qu'à regret, du monastère
Il prend les rênes à la main.
Dès lors, il coupe, il déracine
Mille et mille abus entassés ;
Il retrempe la discipline.
Il fait tant que, bientôt, lassés
De supporter un joug si rude,
Les moines, amis du repos,

Ourdissent, dans la solitude,
Le plus odieux des complots.
Ces fils ingrats d'un tendre père,
Qui travaille à les ramener
Sous une règle étroite, austère,
Ont résolu d'empoisonner
Ce réformateur tyrannique,
Et ce guichetier de prison.
On mûrit le projet inique,
Et l'on prépare le poison.
Les moines vont se mettre à table :
Ils sont là, debout et rangés ;
De cet homme dur, intraitable,
Enfin ils vont être vengés.
Pour l'achèvement de leur crime,
Tout est disposé, tout est prêt :
On n'attend plus que la victime ;
La victime à la fin paraît.

Le plus hardi d'entre la troupe,
Un Judas pour la trahison,
A Benoît présente la coupe
Qui renferme l'affreux poison.
L'œil dirigé vers la patrie,
Tenant le calice à la main,
L'Ange élève la voix, il prie...
Les conjurés ont dit : Amen,
D'un ton sépulcral et sévère.
Benoît s'apprête à boire, hélas !
Rassurez-vous, voyez le verre
Se briser, voler en éclats.

Devant un vin vieux qui pétille,
A l'aspect d'un morceau friand,
Chacun de vous rit et babille,
Fredonne et va se récriant.
Au sein de chaque molécule
De ce breuvage et de ces mets
Le poison afflue et circule ;
Enfants, ne l'oubliez jamais.
Ce poison corrompt l'innocence,
Porte à la paresse, au larcin,
Allume la concupiscence,
Fait le querelleur, l'assassin.
Ah ! ce poison épouvantable,
Dont l'homme est si peu soucieux.
Abonde, sans doute, à la table
De ceux qu'au siècle on nomme heureux ;
Mais, on a pu le reconnaître
Même au sein des repas légers
Que prennent, à l'ombre du hêtre,
Nos bergères et nos bergers.
Il dort dans l'écuelle et la cruche
De l'anachorète pieux.
Il est dans le miel de ma ruche,
Et dans le lait délicieux
Qui déborde blanc de ces jattes ;
Il est dans ces fruits, dans ces fleurs,
Aux nuances si délicates,
Aux si séduisantes couleurs.
Oui, prévenez la violence
De ce poison subtil, caché,
Et combattez son influence.
Afin d'éviter le péché.

Priez le Maître délectable,
Qui toujours protégea ce toit,
D'être présent à cette table ;
Invoquez le Dieu de Benoît.

Il faut prier, puis être sobre.
Mangez peu, soyez tempérants.
L'ivrognerie est un opprobre.
Songez-y, quand vous serez grands.
Soyez modérés dans le boire :
Vous serez tranquilles, heureux ;
Vous acquerrez richesse et gloire ;
Vos jours seront pleins et nombreux ;
Un vieillard, un octogénaire
Sera toujours à vos foyers.
Quel spectacle au fond de mon verre !
Instruisez-vous, voyez, voyez...
Que de guerres, que de tempêtes
De toutes parts s'offrent à l'œil !
C'est vrai, j'y vois aussi des fêtes,
Mais, après ces fêtes, quel deuil !
J'y vois des fleurs à peine écloses
Perdre leur beauté, leur fraîcheur ;
J'y vois des lis, j'y vois des roses
Tomber sous la main du faucheur.
Oh ! j'y vois l'ange du génie
Tenter un inutile essor,
Pâlir, tomber en agonie,
S'éteindre dans ses ailes d'or.

Fidèles à l'usage antique,
En l'honneur du Dieu de bonté,

Tous en chœur, disons un cantique ;
Levez-vous, Bénédicité !...

Dieu du chaume, Dieu de nos pères,
Du haut du ciel, étends le bras,
Et bénis ces têtes si chères.
Daigne regarder ici-bas,
Et bénis, ô Sauveur aimable !
Ces fleurs et ces plans d'olivier
Qui croissent autour de ma table :
Bénis Laurent, Raymond, Xavier ;
Bénis Marthe, Berthe, Lucile.
Dans leurs yeux se peint le plaisir.
A cet âge il n'est pas facile
D'imposer un frein au désir.
Toi qui donnes l'humble pâture
A l'oisillon dans le bosquet,
Qui te fais notre nourriture
Dans l'eucharistique banquet,
Bénis ces joyeuses agapes,
Où toujours le pauvre eut sa part,
Bénis ces ruisselantes grappes,
Que pour nous dora ton regard.
L'innocence est notre convive,
Et vers nous l'essaim des oiseaux
A l'heure des repas arrive.
A ces fruits dorés et si beaux,
Il est vrai, nos dents sont cruelles ;
Mais, dans nos propos innocents,
A la loi de l'amour fidèles,
Nous ne mordons pas les absents.

Providence douce et bénigne,
A ta rosée, à nos sueurs,
Nous devons ce jus de la vigne,
Nous devons ces fruits et ces fleurs.
Dans la débauche et dans l'orgie,
Cette nappe, ô Père des cieux !
Jamais, jamais ne fut rougie ;
Je puis l'étaler à tes yeux.
Aux mondains harmonie et danse,
Vins exquis et mets succulents ;
A nous la paix et l'abondance.
Nous serions paresseux et lents
A prier, à te rendre grâce,
Si, par malheur, la volupté,
Dans mon logis, prenait la place
De la sainte sobriété.
Notre cœur, insensible, avare,
Devenu sec et sans pitié,
Entendant les pleurs de Lazare,
S'écrirait : Dieu l'a châtié.
Notre chair, rebelle, indomptable,
Du bon Maître, de Jésus-Christ
Secouant le joug délectable,
Se cabrerait contre l'esprit.
Je ne te fais qu'une prière :
Ah ! donne-nous du pain sans plus,
Et puis, au bout de la carrière,
La félicité des élus.

Joseph Carsignol.

LA PIÈCE D'OR.

Que vas-tu faire, enfant, de l'argent d'aujourd'hui ?
Vois donc ce malheureux qui s'avance avec peine,
Il est pâle, il a faim et froid : donne-le lui,
Donne, enfant, ton obole à la souffrance humaine ;

On t'a dit ce matin : Prends cette pièce d'or,
C'est pour récompenser ton travail, ta sagesse.
Tu peux, si tu le veux, en acquérir encor :
De cet infortuné soulage la détresse.

Pourquoi donc hésiter ? Ah ! c'est que des jouets
D'occuper ton esprit ont seuls le privilége :
Il te faut un tambour, des chevaux et des fouets,
Des soldats dans un camp et des canons, que sais-je !

Mais tout cela par toi sera bientôt brisé
Et jeté dans le feu pour n'être plus que cendre,
Après quoi le regret d'en avoir mal usé,
Et sans doute l'ennui de longtemps en attendre,

Tandis qu'en remettant au pauvre que tu vois
La pièce dont l'emploi maintenant te tourmente,
Tu goûteras, enfant, deux bonheurs à la fois,
Deux bonheurs dont la joie est certaine et constante.

Les traits de ce visage où le malheur se lit
Vont s'animer soudain en voyant ton aumône.
Tu sauras ce que c'est qu'une voix qui bénit,
Et quel charme on ressent quand de bon cœur on donne.

Et Dieu dont le regard saisit tout ici-bas,
Qui fit la charité l'encens de la richesse,
Entendra cette voix, et, veillant sur tes pas,
A l'abri des dangers te conduira sans cesse.
. . . .

Très-bien, enfant, très-bien ! Tu vas dans ton sommeil
Avoir un doux repos, rêver avec délice,
Et peut-être auras-tu, demain à ton réveil,
Ces jouets dont tu fais si bien le sacrifice.

J.-B. FOURNIER.

SONNET.

A u chant de ton *Pater*, aux accords de ta lyre,

S oudain, l'âme s'émeut, le cœur devient meilleur...
O uvrier de ce soir..... mais, pourquoi te le dire ?...
P our chanter de beaux vers je me fais rimailleur.
H eureuse es-tu, ma sœur ! quand, ta muse féconde,
I mitant de David les chants si gracieux,
E ntonne l'*oraison* du rédempteur du monde ;

B ienheureuse ici-bas, mais, plus heureuse aux cieux !
A u *Pater* du Sauveur ajoute une prière :
L oin, bien loin, ô ma sœur ! fais entendre tes chants,
L e nom du père est doux, mais, bonne aussi la mère !
I nterroge plutôt cette vierge chérie,
A sile des cœurs purs, refuge des méchants.
T u le veux, n'est-il pas ?... Oh ! chante encor Marie.

P. BION, vicaire.

ÉPITRE DE MON FILS

A SA PETITE COUSINE CLAUDIE CORTET.

>On tient toujours du lieu dont on vient.
>(La Fontaine).

Dimanche, au sortir de l'église,
J'aurais voulu vous embrasser :
Ma foi ! vous étiez si bien mise
Qu'il a fallu nous en passer !

J'aurais eu peur, belle cousine,
En vous offrant mon petit bras,
De froisser votre crinoline
Et de crotter vos souliers plats.

J'aurais eu peur de compromettre
Cette robe à quatre volans
Dont le rayon a plus d'un mètre,
Bouquet de fleurs et de rubans.

D'un pauvre habit hors de service
On me fabrique un habit neuf ;
Notre tailleur, Dieu le bénisse,
Est assez fin pour tondre un œuf !

Aussi, dans ma simple toilette,
Libre de paniers et d'empois,
J'aurais été vraiment trop bête
De m'exposer aux yeux narquois !

M'auriez-vous fait bonne figure ?
Aurais-je pu souffler un mot?
Ah ! sous mon écorce de bure,
J'ai de l'orgueil sans être sot.

Loin de nous vos prisons de soie !
La liberté dans mes haillons
Me verse au cœur bien plus de joie
Que vos corsets et vos ballons.

Oui, nous avons des dissemblances,
Mais nous avons plus d'un rapport :
Nous détestons les remontrances,
Et les gâteaux nous plaisent fort.

Mon pied se plaît comme le vôtre
A patauger dans le ruisseau ;
C'est un plaisir doux comme un autre
De soulever des perles d'eau.

Lorsqu'on nous voit couverts de boue,
Le visage plein de sueurs,
On nous gourmande, on nous bafoue,
Et nous répondons par des pleurs.

Mais la plus grande pénitence
Que l'on puisse nous imposer,
C'est de nous réduire au silence,
De refuser notre baiser.

Si vous êtes heureuse et fière
D'une sœur qui vous suit de près,
On me promet un petit frère,
Mais ce bambin ne vient jamais.

Je ne sais pas à quelle époque
Nous entendrons ce pleurnicheur ;
S'il vient demain, je vous le troque
Contre un baiser de votre sœur.

Si vous tenez de votre mère
Le cœur, l'esprit et la beauté,
Moi, j'ai reçu de mon grand-père
Et l'énergie et la bonté.

On dit de vous : « Quelle est gentille ! »
De moi l'on dit : « Comme il est frais ! »
Et vous voyez que je babille
Sans trop savoir ce que je fais.

Riez tout bas, chère Claudie,
Du caquetage d'un gamin ;
Mais songez bien, jeune étourdie,
Qu'on est votre cousin-germain.

J. B. POURRAT.

L'EMPIRE DU MARIN.

J'aime la mer et ses tempêtes !
Mon empire est sur mon vaisseau ;
Lui seul a vu toutes mes fêtes :
Qu'il soit ma tombe, un jour, comme il fut mon berceau !

Dix fois il me porta du couchant à l'aurore,
Plus rapide et plus fier que le plus fier coursier.
Quand sa voile est au vent, il s'élance, et dévore
L'espace de la mer, plus prompt que l'épervier.
Je l'aime comme un autre aimerait sa patrie.
De la poupe à la proue est, pour moi, l'univers.
Que l'Océan soit calme ou qu'il soit en furie,
J'y suis comme l'oiseau dans les plaines des airs.

J'aime la mer et ses tempêtes !
Mon empire est sur mon vaisseau ;
Lui seul a vu toutes mes fêtes :
Qu'il soit ma tombe, un jour, comme il fut mon berceau !

Les pauvres habitants des villes de la terre
Ne comprendront jamais quel est l'âpre bonheur
D'entendre, sur sa tête, éclater le tonnerre
Et mugir, sous ses pieds, les vagues en fureur.
Moi, sur mon beau vaisseau, calme durant l'orage,
Du ciel et de la mer admirant les combats,
Sans me préoccuper si proche est le rivage,
Pour mieux les voir encor je monte au haut des mâts.

J'aime la mer et ses tempêtes !
Mon empire est sur mon vaisseau ;
Lui seul a vu toutes mes fêtes :
Qu'il soit ma tombe, un jour, comme il fut mon berceau !

Mais tandis qu'il parcourt le liquide royaume,
La voix du capitaine a donné le signal :
On voit à l'horizon monter, comme un fantôme,
Un navire ennemi, qui descend son fanal.
« Matelots, sur le pont ! nous aurons l'abordage.
« A vos pièces, d'abord ! Hissez le pavillon ! »
Tout le monde à ces mots sent bouillir son courage,
L'humide laboureur agrandit son sillon.

J'aime la mer et ses tempêtes !
Mon empire est sur mon vaisseau ;
Lui seul a vu toutes mes fêtes :
Qu'il soit ma tombe, un jour, comme il fut mon berceau !

L'ennemi vient à nous ! Déjà son canon tonne.
C'est l'heure du combat ; il faut vaincre ou mourir.
Écoutez... Ce n'est plus qu'un frêlon qui bourdonne...
Il est désemparé... Sus ! sus ! il doit périr !
Bien !... bien !... Il veut encor disputer la victoire !
En avant ! mes amis. Abordons ! Abordons !
Plus le triomphe est cher, plus grande est notre gloire...
. . . .
L'ennemi s'est rendu ! C'est l'heure des pardons.

  J'aime la mer et ses tempêtes !
  Mon empire est sur mon vaisseau ;
  Lui seul a vu toutes mes fêtes :
Qu'il soit ma tombe, un jour, comme il fut mon berceau !

Bien souvent, élevant mon regard vers la nue,
Dans ce ciel, où ma mère en priant s'envola,
Je crois entendre un ange, à la voix tout émue,
Me dire : Ne crains rien, mon fils, ta mère est là.
Oh ! je voudrais alors que la fureur de l'onde,
Me lançât jusqu'au ciel pour lui tendre la main,
Ou que le ciel, d'un bond, vînt toucher à ce monde.....
J'embrasserais ma mère, et dirais : à demain !

  J'aime la mer et ses tempêtes !
  Je vois, du haut de mon vaisseau,
  La plus admirable des fêtes :
Ma mère souriant encore à mon berceau !

Hélas ! la vision disparaît comme une ombre !...
Et moi, je reste seul, seul avec mes regrets.

Malgré son beau soleil le jour me paraît sombre.
Ah ! de mon cœur alors qui dira les secrets ?
Je me sens tout-à-coup pris de la nostalgie,
Que devrait éprouver l'ange banni des cieux :
Mais la voix du devoir me rend mon énergie :
Je vais à la manœuvre, en essuyant mes yeux.

    J'aime la mer et ses tempêtes !
    Mon empire est sur mon vaisseau.
    Lui seul a vu toutes mes fêtes ;
Qu'il soit ma tombe, un jour, comme il fut mon berceau !

Vogue, mon beau navire avec tes grandes ailes,
Sur l'Océan dompté qui caresse tes flancs.
Va, dévance le vol des noires hirondelles
Qui viennent se percher au haut de tes mâts blancs.
Le monde n'est pour moi qu'un rêve... une chimère ;
Je n'y possède plus de foyer paternel.
Berce-moi jusqu'au jour où j'irai voir ma mère ;
Elle m'attend, là-haut, auprès de l'Éternel.

    J'aime la mer et ses tempêtes !
    Mon empire est sur mon vaisseau ;
    Mais la plus belle de mes fêtes,
Je la verrai bien loin, bien loin de mon berceau !

S. BARRAGUEY.

A MONSIEUR.

LE RÉDACTEUR DE LA MUSE DES FAMILLES (1).

A cette heure où tout chante au ciel et sur la terre,
    La brise, l'insecte et l'oiseau ;
Où le bosquet n'est plus dépouillé, solitaire,
    La vaste plaine sans troupeau ;

A cette heure si douce où les vertes charmilles
    Retentissent de mille voix,
Quoi ! nous verrions mourir la Muse des Familles,
    Et ses rédacteurs aux abois ?...

Tout renaît, cependant, tout se meut, tout respire
    Et sur la terre et dans les airs ;
Sous un soleil plus doux la nature soupire
    Ses plus mélodieux concerts.

Quel destin si fatal en son essor l'arrête,
    Et nous prive de ses accents ?...
Quand elle doit chanter, qui donc la rend muette ?
    Est-ce un Zoïle aux cris perçants ?...

---

(1) Nous nous promettons bien de ne plus faire éprouver de retard à nos abonnés, témoins les doubles envois consécutifs que nous nous empressons de faire ; mais, on nous absoudra volontiers, puisque notre silence a inspiré d'aussi jolis vers.

                        (*Note de la réduction*).

En vain nous attendons que sa voix bien-aimée
    Nous redise de chers accords :
Nous ne recevons plus la feuille accoutumée,
    Interprète de ses efforts.

D'où vient donc cet oubli, cet obstiné silence
    Envers des abonnés récents ?
Doivent-ils renoncer à la douce espérance
    D'avoir leur part de ses accents ?

G. LALOY,
Maîtresse de Pension.

LE FEU !

A propos d'un article sur le chauffage par le gaz.

Moi j'aime, ne vous en déplaise,
Réchauffer mon corps à la braise
Du foyer, où brûle en pleurant
Le tronc chevelu d'un gros arbre,
Assis sous le manteau de marbre
De ma cheminée à deux bancs !

J'aime le tison qui pétille,
La langue de feu qui mordille
Et fait rougir le noir charbon !
... J'aime aussi la voix argentine
D'un grillon qui par là chemine,
Disant sa joyeuse chanson !

... Le dos au feu, le ventre à table !
A dit un refrain admirable,
Air connu, mais toujours charmant !...
Feu dont la flamme vivifiante,
Mieux que le gaz et l'amianthe,
Puisse chauffer en récréant !...

Les bûches seraient en disgrâce !
Ah ! ne m'en parlez plus, de grâce !
Qui pourrait y donner les mains ?
Car c'est vouloir la fin du monde,
Et plonger dans la nuit profonde
La bonne moitié des humains !

Sans feu l'hiver à la veillée,
Comment tiendrez-vous éveillée
La mémoire des grands parents ?....
... Et comment ravir au jeune âge
La bûche de Noël, ce gage
Des joujoux les plus séduisants ?...

Gardez vos feux économiques
Pour les comptoirs et les boutiques
Du marchand, des épiciers,
Gens maussades autant qu'avares !
Je ne veux point voir mes Dieux lares
Par votre gaz asphyxiés !...

Cet écrit, je vous le confesse,
Est plein d'esprit et de finesse,

Et pourtant, faites-en l'aveu :
Les auteurs les plus adorables,
Ne semblent-ils pas plus aimables
Lus au coin d'un excellent feu?...

Saint-Jean d'Heurs.

ÉLAN DE JEUNESSE.

Enfant ivre de cent lectures,
Je me cueillais de beaux lauriers,
Mêlé moi-même aux aventures
Des grands marins, des grands guerriers.
Avec les preux de Charlemagne,
A Roncevaux, dans la montagne,
De Roland j'entendis le cor.
Gama, voguant vers ses conquêtes,
M'a fait, sous le Cap des tempêtes,
Voir le géant Adamastor.

Aujourd'hui j'ai seize ans ! c'est l'heure,
L'heure d'agir..... Adieu repos !
Adieu, paternelle demeure !
A moi la voile ou les drapeaux...
Patrie et gloire, amour sublime !
Pour quelque cause magnanime,
Je veux aller vaincre ou mourir.....
J'imagine qu'il est encore
De nobles palmes qu'on ignore
Et quelque monde à découvrir.....

Oui, notre tâche est préparée ;
N'envions rien à nos aînés.
Le ciel nous ouvre la contrée
Où sont les hommes basanés ;
Où de Cham la race maudite,
De sa rédemption prédite
Attend l'heure au désert de feu......
Sauvage Afrique, étrange terre,
Nous le saurons ce long mystère
Que dans ton sein a caché Dieu !

La France est prompte à se résoudre
Pour ces exploits que nous aimons...
Nous avons fait taire la poudre
Chez le Kabile, enfants des monts...
En avant ! — Des confins numides
Au Sénégal, aux Pyramides,
Rendons français l'ardent pays
Qu'avec la croix, le soc, le glaive,
Avaient déjà conquis en rêve
Napoléon et saint Louis !.....

A. Cosnard.

LE PERROQUET.

FABLE.

Un auteur avait pour voisin
Un perroquet le plus criard du monde !....
— Maudit oiseau ! — que l'enfer te confonde :
Avec ton babil assassin, —

Criait à chaque instant le rimeur en colère !...
   Va ! tes soins auront leur salaire !...
Et puis au même instant prend l'oiseau du Pérou
   Vous comprenez.... pour lui tordre le cou !...
— Comment, reprit son maître, accuser l'innocence ?
   Mon perroquet ne commit nulle offense
   En répétant tous ces vilains récits.......
De vous même, Monsieur, il les a tous appris !....
Et pour le perroquet aussi bien que pour l'homme,
   .... Sachez toujours qu'il se conduit,
      Comme,
         On l'instruit.

Monmoreau fils.

JADIS ET AUJOURD'HUI.

A mon ami Émile Deschamps.

Après avoir été, par hasard, quelque chose,
Après avoir monté, puis avoir descendu,
Méprisant les tourments que l'ambition cause,
Au repos, Dieu merci, je fus enfin rendu !

Vous savez, qu'ouvrier d'un loyal ministère (1),
J'eus ma petite part de grande autorité....
Je fis un peu de bien, dans l'ombre et le mystère,
Et fus (n'étant plus rien), presque un peu regretté.

---

(1) L'auteur de cette pièce philosophique, a été chef de cabinet au ministère de l'Intérieur, sous l'administration de M. de Martignac.

En quittant les honneurs, j'aurais pu, comme un autre,
Endosser, pour le moins, l'habit d'un sous-préfet.....
Le Dieu que j'adorais pouvait, à son apôtre,
Léguer un riche emploi ; mais il ne l'a pas fait.
J'en suis reconnaissant !... Allez, alors qu'on passe
Sur des points élevés, il est bien, croyez-moi,
Il est bien d'y laisser une empreinte, une trace,
Un digne souvenir, et des siens, et de soi ;
Il est bien de quitter, sans peur et sans reproche,
Un poste, où tout gourmand gagne de l'appétit ;
Il est bien de partir, sans un sou dans sa poche,
Et de redevenir honnêtement petit !

Plus tard, n'étant plus rien, n'ayant plus rien à faire,
J'aurais pu m'éveiller saltimbanque, avocat,
Communiste, opposant... Ce n'est pas mon affaire ;
J'aime l'arbre debout, non celui qu'on abat !

De nos démolisseurs je connais la tactique ;
Ils sont républicains, sous une royauté ;
Ils sont amis des rois, sous une république...
Le portrait n'est pas beau ; pourtant il est flatté !

La patrie !... Ah ! Messieurs, avec amour je l'aime !
Je ne l'insulte point par de sauvages cris ;
Elle n'est pas pour moi sous l'or d'un diadème,
Ni dans un bonnet rouge.... elle est dans le pays !
Je ne veux point d'honneurs, je ne veux point de place,
Je ne veux pas, surtout, la fortune d'autrui ;
Je veux garder le peu qu'un long travail amasse....
Ce que je fus jadis, je le suis aujourd'hui.

Mais, dans l'obscurité que je me suis choisie,
Il me faut un cœur bon qui comprenne le mien ;
Il me faut les beaux-arts, la sainte poésie....
Hors aimer et chanter, je ne demande rien.

« Vous êtes un enfant, » me dit-on.... Je réplique :
J'aime un doux chant d'oiseau, le frais parfum des fleurs ;
J'aime de ces tableaux les vivantes couleurs :
Et des vers inspirés j'adore la musique...

« Faire des vers, mon cher, ça mène à l'hôpital ;
C'est semer dans un champ où l'on récolte mal. »

Eh qui donc parle ainsi ? Dans le siècle où nous sommes,
Vous l'avez deviné, ce sont, hélas ! ces hommes
Qui n'ont d'ardente soif, ou d'amour que pour l'or ;
Ils en veulent beaucoup ; ils en veulent encor !
Le pays de leur choix est la Californie ;
Brocanter, spéculer est leur double manie ;
Le carnet à la main, dans leur culte incessant,
On les voit à genoux devant le trois pour cent ;
Pour eux, l'esprit n'est rien ; le talent est folie...
N'a-t-on pas tout cela quand la bourse est remplie ?
N'est-on pas un grand homme en comptant ses écus !...

Moquons-nous des vainqueurs, sans être les vaincus !

Voilà de quels transports notre siècle est capable :
Il adore l'argent, ce siècle misérable !...

Mais, vous, qui n'êtes pas de ce siècle maudit,
Age d'or monnayé, vous, que l'on applaudit,
Émile, n'est-ce pas qu'on peut, loin de la Bourse,
Loin de ce tapis vert, chercher une ressource ?...
Qu'on peut, tout en rimant, par d'utiles travaux,
Récolter, non de l'or, mais mieux, quelques bravos ?..

Voilà ce qu'il faudrait, à moi, l'obscur poète,
Pour faire de ma vie une éternelle fête ;
Oui, voilà ce qu'en vain j'ai constamment rêvé,
Et ce que, sans effort, votre Muse a trouvé.

Émile BARATEAU.

SUR LE SUICIDE.

Lorsque de tout amour ta vie est délaissée,
Quand ton cœur égaré médite avec la mort,
Oh ! ne refoule pas, en ta sombre pensée,
La voix du doute affreux, et du cruel remord.

Me tuer, dis-tu, te tuer ! Est-ce la même chose
Qu'un malheur courageux, ou qu'un saint repentir ?
Le temps appartient-il à l'homme pour qu'il ose
Par un coup de poignard condamner l'avenir !

Apprends sous le malheur à relever la tête,
Rappelle-toi que l'homme est fait pour le porter.
Honte à qui s'abandonne aux coups de la tempête !
L'orage le plus grand est prompt à s'arrêter.

L'or ne rend pas heureux ; l'or qui dore la vie
Jette en vain sur nos maux son éclat fastueux :
Ils en sont plus cuisants ; le riche qu'on envie
Souffre, languit et meurt sur un lit sompteux.

Ce qui fait le bonheur, c'est la foi, le courage,
La vertu, le travail si dur à s'imposer,
Et puis quand sur nos fronts vient à passer l'orage
Sous l'aile du Bon Dieu, c'est de se reposer.
Dr RAVET.

TESTAMENT D'AVARE.

CONTE.

Pauvre en meubles, mais riche en immeubles, un pingre,
Qui logeait au grenier d'une de ses maisons,
Sans même en nettoyer les poudreuses cloisons,
Spectre couvant son or, était toujours malingre.

Il alla mal. — Cet homme aux fétides parfums,
Dont les rats étaient seuls la digne compagnie,
Vit, dans son gîte, entrer, flairant son agonie,
Une procession de parents crus défunts.

Au chevet du richard ne vivant plus qu'à l'heure,
Tous luttèrent de soins ; sûr de le voir mourir,
Chacun lui proposa des moyens de guérir :
Ce fut à qui ferait la tisane meilleure.

Par l'espoir d'un beau legs un docteur alléché,
Le visitait gratis. La parenté jalouse

S'en émut : — Quittez donc ce docteur : il se blouse !
C'est un âne ! — Oh ! que non ! il purge à bon marché !

Seule, parmi ces gens, une petite nièce
Veillait le moribond, sans nul intérêt vil..
« Tiens, ma chère Anne ! toi, je t'aime ! » lui dit-il,
En glissant dans sa main, ô prodige ! une pièce.

Ah ! que le médecin et les collatéraux
Connaissaient peu le cœur d'Harpagon ! un tel être
Veut, même après sa mort, de son bien rester maître,
Il n'en faut espérer jamais que des..... zéros.

Il traça, seul, un soir, sa volonté dernière.
Mais de ce titre d'âne, au docteur conféré,
Il avait ri ; de plus, Auvergnat peu lettré,
De mettre l'orthographe il avait sa manière.

Dans sa rédaction quelle erreur il commit !
Voulant (et dans ce cas l'église le réclame)
Écrire : « Tous mes biens, je les donne à mon *ame*. »
Ce fut, par grave absence, à mon *ane* qu'il mit.

Cela fait, il alla se coucher sous la terre.
D'urgence, en grand conseil, le testament fut lu.
Qu'on se peigne l'éclat quand on apprit l'élu !
« De tant de biens son âne unique légataire !! »

On plaida. Le docteur, dépouillant tout orgueil,
S'avoua désigné dans l'acte... — Mais, en somme,
Vous êtes donc un âne ? — Oh ! c'est que le bonhomme
Me traitait de la sorte... en jovial accueil....

« Après tout, reprit-il, je ne suis pas un aigle.
« Je n'ai que le brevet d'officier de santé ;
« Et j'accepte, Messieurs, en toute humilité,
« Le titre que m'octroie un testateur espiègle. »

Le Tribunal admit son défaut de savoir,
Mais lui fit observer qu'en ce testament trouble
Ane manquant d'accent circonflèxe ou d'*n* double,
La nièce Anne pouvait également s'y voir.

Même, elle avait reçu du ladre un avantage :
Un écu !... Le voici ! — La Cour, délibérant,
Sans priver le docteur du titre d'ignorant,
A la petite nièce adjugea l'héritage.

Prosper DELAMARE.

L'empressement avec lequel nous avions vu M. le vicomte de Charny arriver à la rédaction de la *Muse des Familles*, indique assez tous les regrets que nous éprouvons en recevant la lettre suivante qui nous apprend la retraite du jeune écrivain :

A M. Claudius Framinet.

Monsieur,

Des circonstances impérieuses, et que je dois accepter, me forcent de voyager et de vous remettre le mandat que vous avez bien voulu me confier. La *Muse des Familles* est assez forte pour marcher sans moi dans la voie du succès; elle y marche tous les jours, elle y marchera longtemps !

Veuillez témoigner mes regrets à nos spirituels collaborateurs et recevoir l'assurance de mon entier dévoûment,

16 mai 1858.   Vicomte DE CHARNY.

Le Gérant, CL. FRAMINET.   Typ. d'A. Vingtrinier

LA PLAINTE DU JUIF-ERRANT.

Ruisselant de sueur, le front plissé, l'œil morne,
L'éternel voyageur vint un jour en rêvant
S'appuyer tristement sur une antique borne
    Et jeta cette plainte au vent :

« Tout mortel a, Seigneur, ses heures de démence ;
Les hommes sont méchants, insensibles, mais toi,
Toi qui jadis à tous enseignas la clémence,
    N'auras-tu pas pitié de moi ?

Ah ! j'ai bien expié mon crime ! Que la tombe
S'ouvre enfin sous mes pieds par les cailloux meurtris.
Seul je résiste au temps devant qui tout succombe,
    Tout devant moi devient débris !

Seigneur, le moindre insecte a l'abri qui protége
Contre les feux du jour et les tristes hivers,
Moi, sous le ciel brûlant et les flocons de neige,
    J'ai traversé tous les déserts.

Le vieillard dont les pas déjà s'appesantissent
S'incline sur son fils, vigoureux rejeton;
Moi je n'ai pour soutien, quand mes genoux fléchissent,
    Que ce pauvre et frêle bâton.

Je n'ai pas un ami dont la voix me console,
Au voyageur maudit nul n'a tendu la main,
Je n'ai pas une sœur dont la tendre parole
    Trompe la longueur du chemin !

Tout mortel a, Seigneur, ses heures de démence.
Les hommes sont méchants, insensibles, mais toi,
Toi qui jadis à tous enseignas la clémence,
    N'auras-tu pas pitié de moi ? »

Un affreux roulement fit entr'ouvrir la nue ;
Du milieu des éclairs une voix a crié :
« Marche, marche toujours, l'heure n'est pas venue,
    Ton crime n'est pas expié. »

Antoine Mollard.

CANTIQUE DE JUDITH.

A des hymnes nouveaux mêlez vos symphonies,
Pour chanter du Très-Haut les grandeurs infinies ;
Faites de votre joie éclater les transports ;
Invoquez son saint nom qui fait trembler les forts.
Son souffle a renversé les puissantes armées
Qui menaçaient de mort nos tribus alarmées.
Son nom est Jéhovah ; son camp est parmi nous,
Et tous nos ennemis succombent sous ses coups.
Assur est descendu bouillonnant de colère,
  Des montagnes de l'aquilon ;
Ses guerriers sous leurs pas faisaient trembler la terre,
  Semaient la consternation,
Epuisaient les torrents et les eaux des fontaines,
Et leurs coursiers couvraient les vallons et les plaines.
   Il avait dit dans sa fureur :
  Par les flammes incendiaires
  J'anéantirai leurs frontières,
  Qui semblent braver ma valeur,
  Et le glaive de la vengeance
  Frappera les jeunes soldats
  Auxquels ils ont dans les combats
  Commis le soin de leur défense ;
  Leurs enfants seront mon butin,
  Leurs jeunes filles mes captives ;
  Et dans l'angoisse sur nos rives
  Ils termineront leur destin.
Mais le bras tout-puissant qui lance le tonnerre
De celui qui semait le fléau de la guerre

A réduit tout à coup la fureur au néant :
Dans les mains d'une femme est tombé le géant.
De nos jeunes guerriers la phalange hardie
N'a point tranché le cours de sa fatale vie ;
Des enfants de Titan, qui menacent les cieux,
Le bras n'a point ravi la lumière à ses yeux ;
Ni les fameux géants, l'effroi de la nature,
N'ont point dans les enfers plongé son âme impure.
Mais la faible Judith, fille de Mérari,
  Par la beauté de son visage,
  A vu le barbare attendri
Et l'a précipité sur le sombre rivage.
Les tristes vêtements de sa viduité
Ont fait place aux atours de la félicité.
   Elle a répandu sur sa tête
   Le parfum le plus précieux,
   Et sous une mitre de fête
   Elle a rassemblé ses cheveux.
   L'éclat de sa riche parure
   Et les charmes de sa figure
   L'ont jeté dans l'enchantement,
   Judith et de son propre glaive,
   Qui frappait le monde sans trêve,
   A tranché la tête au méchant.
En voyant triompher son audace étonnante,
Les Mèdes, les Persans ont frémi d'épouvante ;
Tout le camp a poussé des hurlements affreux
Quand nos faibles soldats ont paru devant eux,
  Pressés d'une soif dévorante.
De nos jeunes guerriers la bouillante valeur
A jeté dans leurs rangs l'alarme et la terreur ;
Ils les ont vus tomber dans leur vive poursuite,

Ainsi que des enfants qu'altèrent, dans leur fuite
  La crainte et la frayeur.
Le Seigneur a lancé les trait de sa vengeance
Et de nos ennemis renversé la puissance.
Pour le glorifier d'un triomphe si beau
Chantons avec transport un cantique nouveau.
  Adonaï, Dieu des batailles,
  Quelle est ta force et ta grandeur !
  Tu brises les tours, les murailles
  Du seul souffle de ta fureur !
  Que toute humaine créature
  Te serve, ô Roi de la nature !
  Et te rende amour pour amour :
  Car tu dis et ta voix féconde
  Du chaos fit naître le monde
  Et jaillir la clarté du jour.
  Seigneur, à ton pouvoir suprême
  Nul être ne peut résister,
  Et nul sans ton amour extrême
  Un instant ne peut exister.
  A ta voix tremblent les montagnes,
  Les mers inondent les campagnes,
  A grand bruit se fend le rocher ;
  La pierre cède à ton empire
  Et fond, de même que la cire,
  Devant la flamme du bûcher.
Heureux, trois fois heureux le cœur pur et fidèle
Sans cesse pour ta loi pénétré d'un saint zèle !
Tu lui révèlera ta gloire et ta splendeur
Et tu le combleras de joie et de grandeur.
Malheur aux nations qui tireront le glaive
Contre le peuple élu que le Seigneur élève

  Sur un faîte éclatant !
Il les visitera le jour de sa colère
Et de leur sang impur inondera la terre
  De l'aurore au couchant;
Un cruel aiguillon transpercera leur âme,
Et leur corps deviendra des vers et de la flamme
  L'éternel aliment.

A. VIGNAT.

POUR LES PAUVRES.

O que de pauvres sur la terre
Ont faim, sont nus et sans secours ;
Sous le fardeau de leur misère,
Mon Dieu, souffriront-ils toujours ?
Qui donc, pour leur faire l'aumône,
N'a le verre d'eau du chrétien ?...
Donnez chacun : Dieu vous l'ordonne,
Un petit sou fait tant de bien.

Vous dont les granges toujours pleines
Regorgent de fruits et de grains;
Vous pour qui de fertiles plaines
Ruissellent de miel et de vins,
Sachez donc qu'abondance oblige
Aujourd'hui saint homme et païen
Et qu'au pauvre que tout afflige
Un petit sou fait tant de bien.

Vous pour qui l'hiver et la neige
Font éclore même des fleurs,

Vous tous que la fortune assiége
De ses dons et de ses faveurs,
Ce que vous coûte un jour d'ivresse
Vous seuls osez dire combien ;
Que de gens disent en détresse :
Un petit sou fait tant de bien.

Vous tous enfin que l'opulence
Nourrit de plaisirs si coûteux,
Qui remplissez votre existence
De festins, de faste et de jeux,
O rougissez de tant de fêtes
Dont tous ont payé l'entretien !
Au moins que le pauvre ait vos miettes,
Un petit sou fait tant de bien.

Pourquoi ce luxe qui dévore
Des fortunes pour un hochet,
Et cet or dont l'orgueil décore
Jusqu'aux sandales d'un valet ?
Réduisez ce faste en poussière,
Faites-en du pain quotidien ;
Quand il soulage une misère,
Un petit sou fait tant de bien.

Riches, le Seigneur vous appelle,
Lui qui pour vous si souvent dort;
La charité fait sentinelle
Au seuil de votre coffre-fort ;

Elle vous dit, douce, mais fière
Et dans votre or voyant le sien :
Donnez à votre créancière,
Un petit sou fait tant de bien.

Il faut donner, c'est la loi sainte
Ecrite avec le sang d'un Dieu.
Soyez sûrs qu'il venge la plainte
Du pauvre qu'il aime en tout lieu,
Mais ne sonnez par la trompette,
Il foule aux pieds le pharisien ;
Quand il vient d'une main secrète
Un petit sou fait tant de bien.

Par de charitables largesses
Riches expiez vos trésors,
Pour qu'en remuant vos richesses
Il n'en sorte pas des remords.
Et que Dieu ne dise en colère :
Il ont trop, mes pauvres n'ont rien.
Payez-le vite sur la terre,
Un petit sou fait tant de bien.

Seriez-vous grand comme le monde,
Puissant et sage comme un Dieu,
Auriez-vous sur la terre et l'onde
Des autels dressés en tout lieu ;
Un ciel fût-il votre royaume,
Tout cela n'est encore rien :
La charité seule fait l'homme.
Un petit sou fait tant de bien.

A l'œuvre contre l'indigence !
Et de tout faisons des deniers.
Chassons la faim de notre France
Vidons nos bourses, nos greniers.
Que chacun à quelque infortune,
Dise : Viens, mon pain est le tien,
Quand l'aumône devient commune
Un petit sou fait tant de bien.

Adrien Volle.

LE MISSIONNAIRE.

A bord d'un navire en partance
Se trouvaient réunis des passagers nombreux ;
  Ce n'était pas, selon toute apparence,
   Pour acquérir le royaume des cieux
Qu'ils voulaient de la mer affronter la furie ;
Cependant animé par un tout autre esprit,
    L'un d'eux délaissait l'Ibérie
Pour aller conquérir des cœurs à Jésus-Christ.
    C'était un saint missionnaire ;
Ces gens-là vont partout et répandent ce feu
    Qu'on appelle l'amour de Dieu ;
  La soif de l'or ne les tourmente guère.
Celui-ci n'avait pris nulle provision,
Encor qu'il s'embarquât pour le Céleste empire.
— Père, lui dit alors l'intendant du navire,
Pour donner du crédit à votre mission,
Vous deviez ce me semble avoir plus de prudence,
Et ne pas étaler une telle indigence ;

Vous n'avez avec vous pas même un serviteur !
Et que pourront penser les peuples de l'Asie ?
Quelle idée auront-ils d'un tel prédicateur ?
Par la pompe et l'éclat l'âme est bien mieux saisie
Que par le sombre aspect de l'humble pauvreté,
Quoi ! vous iriez, vous-même agitant l'onde pure,
De vos habits fangeux enlever la souillure ?
Votre repas serait par vos mains apprêté ?
Enfin pourquoi mener une vie aussi dure ? » —
L'Apôtre à ce discours répondit simplement,
Que pour prêcher Jésus et son saint Evangile,
Le luxe lui semblait au moins fort inutile ;
Qu'on pouvait sur ce point se tromper aisément,
Et contredire ainsi la sagesse infinie ;
Que pour suivre son maître il vivrait pauvrement,
Et ne changerait rien à son genre de vie.

 Il le fit : et sa pauvreté
Ne mit aucun obstacle aux succès de son zèle,
Xavier, c'était son nom, comme un parfait modèle
D'un apôtre du Christ, cet apôtre est cité.
Le Japon admira sa vie apostolique,
Cet exemple est puissant et de plus authentique.

LANGE,
Curé de Pellegrue (Gironde.)

LE MONDAIN REPENTANT.

Les plaisirs trop mondains endurcissent le cœur,
Étourdissent les sens, et plongent dans l'erreur,
S'ils font, de notre corps, une machine immonde
Qui marche sans rien voir en traversant le monde.

Nous sommes des maudits qui vivons de l'horreur ;
Car nous vivons sans foi ; sans amour ; sans bonheur ;
Sans songer seulement une heure, une seconde,
Que la foudre du ciel , sur nous, sans cesse gronde.

D'un sentier plein d'erreurs revenons, il est temps,
La clémence de Dieu pour nous est paternelle,
Songeons, il en est temps, à la vie éternelle.

A réparer nos torts consacrons nos instants ;
Secourons les malheurs ; soulageons les misères :
Et puis offrons à Dieu nos œuvres, nos prières !

Lucien SOLARY

LES VEILLÉES D'AUTREFOIS.

La mère Ursule en tremblottant,
Un soir de fête à la veillée,
Disait : J'ai vu dans la vallée,
J'ai vu passer le Juif-Errant ;
Son tablier, sa haute taille,
Sa barbe longue, son front nu,
C'est par là que j'ai reconnu
Celui qui brave la mitraille.

Pieds nus il franchit les déserts;
Et pour fuir la voix qui le gronde,
Il fait toujours le tour du monde,
Il marche même sur les mers.

Dans le carnage et dans l'orage
Il cherche toujours à mourir.
Quand il veut manger ou dormir
Une voix lui crie : En voyage !

S'il repasse en ces lieux déserts,
Donnez-lui vite s'il mendie ;
Vous pleureriez toute la vie
S'il vous regardait de travers.
S'il fait des signes sur le sable,
L'orage emporte tous les toits,
Et les brebis qui sont au bois
Ne reviennent plus à l'étable.

— C'est vrai, dit la vieille Isabeau
Se redressant sur ses béquilles,
Qu'il jette un sort aux jeunes filles
De la chaumière et du château.
Tenez, quand, moi, j'étais jeunette,
Un soir au bois me promenant,
Hélas ! je vis un revenant,
De frayeur je restai muette.

— Et moi, dit la vieille Suzon,
Un soir, chez la commère Agathe,
Nous avons entendu sa chatte
Qui causait avec un démon.
— Moi, dit la mère Catherine,
J'avais cassé mon bénitier,
J'entendais du bruit au grenier,
On se battait dans ma farine.

Ma Grand me disait, une fois,
Que les esprits de l'autre monde
A minuit faisaient une ronde
Et qu'ils sonnaient tous les beffrois ;
Et même, qu'un soir, à la brune
Dans le bois noir des coudriers,
On avait vu de grands sorciers
Qui viennent, dit-on, de la lune.

Mais la veillée est dans l'effroi,
Nul n'ose bouger de sa place,
Tout est muet, le cœur se glace ;
Et chacun dit : Priez pour moi...
Quand douze fois l'airain sonore
Fait gémir sa voix dans les airs,
On croit voir les gens des enfers,
On ne sort plus jusqu'à l'aurore.

Louis Gras (1).

LE DERNIER ABENCERRAGE.

Imité de Châteaubriand.

Grenade, Alhambra, Tours—Vermeilles,
Qu'avez-vous fait de vos concerts ?

---

(1) M. Louis Gras, auteur des *Insomnies*, nous dit la *Revue bibliographique du Midi*, est serrurier à Dieu-le-Fit, ville un peu perdue dans les montagnes de la Drôme. L'école mutuelle fut sa seule initiatrice aux choses de l'esprit. Mais, plus tard, il se sentit poète en lisant Châteaubriand et Lamartine. Il ne se livra pas cependant tout entier à la muse, sa raison lui ayant dicté d'avance ce sage conseil que Béranger lui donna longtemps après, dans une lettre charmante : *Rimez et limez.*   (*Note de la rédaction*).

Vous n'étalez plus vos merveilles,
Vos parvis sacrés sont déserts !
O Rois vaillants de mes ancêtres,
Où puis-je vous porter mes vœux ?
Ils étaient des ingrats, ces maîtres ;
Oui, mais ils furent malheureux !

Ainsi chantait un jeune Abencerrage,
De noirs pensers traversaient son esprit ;
Un étranger avait son héritage !...
    C'était écrit !

Entends-tu, fille des génies,
Ce bruit lointain de cavaliers ?
Le feu de nos tribus bannies
Brille au pied de tes oliviers !
Chrétiens, à la valeur du Maure,
Vous reconnaîtrez ses aïeux,
Et nous pourrons peut-être encore,
Voir bien des larmes dans vos yeux.

Mais que suis-je ? un soldat vulgaire
Sans nom, sans gloire, sans exploits,
Un guerrier dont le cimeterre
N'a jamais fait sentir son poids,
Une âme faible et désolée,
Un inconnu dans la douleur
Dont les plantes de la vallée
Ne peuvent pas guérir le cœur !

La haute mer est agitée,
Disais-je, ainsi que les palais ;
Dans un creux de roche abritée
La goutte d'eau sommeille en paix.
Aben-Hamet, ainsi l'envie
Ne pourra de toi s'approcher ;
Pourtant, j'ai vu troubler ma vie
Comme l'eau pure du rocher.

Aimé Vingtrinier.

L'ENFANT ET LA ROSE.

A mon petit ami Arthur Chervin.

Un jeune enfant — dans un jardin,
    Voit une rose
    A peine éclose
Et, de suite—il étend la main !...
—Oh ! je la veux !—dit-il soudain—
Mais comment faire pour l'atteindre ?....
Pour moi, ce mur est bien trop haut !...
Qu'importe !... allons !... il me la faut !....
Un peu de mal est-il à craindre ?.....
Oh ! non ! je n'ai qu'à faire un saut !.... —
.... Or, le voilà qui, grâce à sa vaillance,
  Grâce encore à sa pétulance,
  Or ! le voilà qui se balance !.....
  Une fois .... Deux !... Il tombe, — hélas !...
    Et l'inexpérience
    Et son impatience
Lui font faire un effort !... — il est sur l'échalas !

Il monte ! il monte !.... Oh ! bonheur ! il arrive !....
    Mais non sans peine et sans douleur !....
Car il souffre bien fort, — d'une blessure vive
Qu'a produite à ses mains—l'épine de la fleur !....

    Sous le voile de cette fable
Se cache,—cher Arthur,—plus d'un enseignement !...
    En voici trois : — Dans l'étude un obstacle,
    Cède à celui qui veux résolûment !....

La vertu !... — n'est-ce pas à tes yeux *cette rose*
    Que l'enfant cueille avec peine et douleur ?.....

    La muraille dont la hauteur
Epouvante un bambin, qui tremble et pourtant ose !....
Dis-moi *de la vertu*,— n'est-ce pas le chemin
Difficile !... épineux !... offrant un but certain
    A l'homme qui se propose
De le suivre AUJOURD'HUI—DE SUITE—et non—DEMAIN ?...

                      Vicomte DE CHARNY.
                          (K. de R.)

LA POULE ET SES POUSSINS.

ETUDE DE MOEURS.

Un beau jour de printemps, grave comme un notaire
Vêtu de l'habit noir et de blanc cravaté,
    Une poule sur la litière
    Se prélasse avec dignité.
    « Dame Cocotte se repose,
Me direz-vous pourquoi cette superbe pose ? »
Je vous trouve plaisant,.. voit-on le colonel
Rire avec ses troupiers ?... Par son air solennel
    Elle a le pas sur la mère oie,
    La vieille cane et le dindon.
N'a-t-elle point aussi ses heures d'abandon
    Pour épancher toute sa joie ?

Un de ses nourrissons se perche sur son dos ;
Les fils pour les mamans sont de légers fardeaux.
Loin d'encourir, dit-on, la moindre réprimande,
Ce beau jaseur en herbe est déjà surnommé
Le coq des avocats, le Berryer emplumé
    De notre duveteuse bande.
Jamais chez les Mogols ou chez les Ostrogoths,
Un pareil orateur parut à son aurore.
Rien qu'à le voir céant, dressé sur ses ergots,
    Chacun devine qu'il pérore...
    Mais ses frères qui sont allés
    Se blottir sous la bonne mère
Que font-ils ? Ah ! ce sont des benjamins ailés,
Se plaignant pour un rien que la vie est amère,
    Des dorlotés, des mignotés,
    De ces hargneux enfants gâtés
    Qui sont, hélas ! des trouble-fête.
Près d'eux, gonflant sa plume et redressant la tête,
Un jeune groupe, autour de l'auget du chemin,
    Boit sans souci du lendemain,
Prend l'eau comme elle vient, la pitance de même,
Et jamais bons conseils par lui sont écoutés.
Que de fils de famille, au sein de nos cités,
Ont de l'essaim vivant, porte-crête bohême,
    Les folles prodigalités
    Et la coupable insouciance !
Mais, plus loin, se targuant de cet air d'importance
    Que prend, après de longs débats,
Un greffier magistral, lisant une sentence,
Un poulet marmouset, l'œil terne, le front bas,
Le bec toujours ouvert et la plume lissée,
Affecte d'un crétin la démarche cassée ;

C'est de la basse-cour le *Gandin* (1) freluquet,
      Glosant de tout à l'aventure,
Sport, cinq pour cent, musique, et, comme un perroquet
Jugeant de haut Troyon, Ingres, Decamps, Courbet
      Et toute école de peinture.
Quoi ! ne saurait-il pas connaître un beau dessin ?...
Notre roi du pinceau n'est autre qu'un *Poussin*...
      Mais si, dans son outre-cuidance,
      Ce critique de poulailler,
Dont l'esprit emprunté de penser se dispense,
      Se livre au démon de railler,
      L'heure est, parbleu ! la mieux choisie
Pour narguer à l'envi poète et poésie.
      Franchement, ne devais-je pas
Vous peindre, avec le cœur, l'image gracieuse
      Des enfants, à mine joyeuse
Dont un œil attentif protége et suit les pas ?
      Oui, l'héroïne ex-couveuse
      Symbolise, j'en fais l'aveu,
L'âme de nos foyers, la mère de famille,
Veillant avec douceur, — grondant parfois un peu, —
Sur ses lutins chéris, blond fils et blonde fille.
Le regard d'une mère est le regard de Dieu.

                                      BERLOT-CHAPPUIT.

(1) Habitués du boulevart de Gand surnommés aussi *petits jeunes gens, petits polkas*.

STABAT MATER.

Lorsqu'au Vendredi-Saint les vieilles cathédrales,
Recouvrant leurs autels de robes sépulcrales,
Aux splendeurs, aux parfums, à tout disent adieu ;
Qu'un prêtre à l'œil austère, à la face jaunie,
A, dans tous les détours de sa lente agonie,
    Suivi la mort de l'Homme-Dieu ;

Que partout, dans la nef, sous les arceaux gothiques,
La foule en ondulant prend des airs fantastiques,
Qu'on croit sentir la mort tourner autour de soi,
Et que devant tout bruit et devant tout silence,
L'âme, comme Judas, prise de défaillance,
    Frissonne sans savoir pourquoi ;

L'orgue, vibrant plus doux que le soupir des âmes,
Et mêlant sa musique avec un chœur de femmes
Nous emmène vers Christ, entre les deux voleurs,
Et là, le front chargé d'angoisse surhumaine,
Près de son fils cloué sur une croix romaine,
    Se tient la Vierge aux Sept-Douleurs.

Alors l'effroi s'en va ; sur l'âme reposée
Les larmes du *Stabat* distillent leur rosée,
Et des pensers nouveaux viennent nous effleurer.
On craignait que le Dieu fût sans miséricorde ;
Mais le deuil de la mère ébranle une autre corde,
    Et ses pleurs nous font espérer.

Et nous laissons le chœur égrener du cantique
La mystique harmonie et le latin mystique ;
Puis, quand le dernier son expire au saint séjour,
Nous sortons, l'œil pensif et la face pâlie,
Emportant de l'église une mélancolie
    Qui se rapproche de l'amour.

Armand RENAUD

LA NUIT.

A M. le vicomte de Charny.

O Nuit silencieuse ! avec quel charme heureux
Tu me suspends au pied de ce rocher mousseux !
A travers les réseaux d'une vapeur légère
Qui, d'une gaze d'or, voilait tout l'hémisphère,
J'ai du soleil couchant vu les derniers rayons !...
J'ai vu ses feux éteints se perdre sur ses monts.....
Enflammés de l'éclat dont brillaient les nuages,
Les champs au dieu du jour adressaient leurs hommages ;
Les oiseaux le chantaient dans leurs derniers accents.
De son ombre suivi, le berger, à pas lents,
Jouait son air du soir sur sa flûte légère,
Quand le sommeil ici m'a fermé la paupière !...

Par tes accents d'amour si chéris des échos,
Philomèle, est-ce toi qui trouble mon repos ?
Est-ce un Faune aux aguets ? Sont-ce les pas timides
De quelque Nymphe errant sur ces touffes humides ?...
... Que l'aspect de ces lieux me plaît en ce moment !...
Comme ces champs voilés dorment paisiblement !...

Quel doux transport s'émeut dans mon âme enivrée !
Mes yeux tout éblouis parcourent la contrée !
Ils vont se reposer sur ces points éclairés
Qu'à travers l'épaisseur de ces bois retirés,
La lune va jetant sur le tronc noir des frênes,
Sur un gazon fleuri, sur les rameaux des chênes,
Etendus, tremblotants parmi l'obscurité !...
— Souvent aussi d'effroi mon cœur est agité,
Quand mes regards frappés par l'épaisseur des ombres
Se promènent au loin, sur des rivages sombres ;
Qu'ils errent sur ces flots dont le reflet brillant
Bondit sur leur cristal comme un feu scintillant...
Car de son char traîné par des biches légères,
Phébé les a couverts d'éclatantes lumières !...

O fleurs ! de quel encens vous embaumez les airs ;
Sous le voile des Nuits, vos pétales ouverts,
Nous cachent vainement leurs couleurs rafraîchies,
Ce suave parfum bientôt vous a trahies !
Des Zéphirs fatigués le trop folâtre essaim
Repose mollement bercé dans votre sein,
Tandis que la rosée, au fond de vos calices,
Leur prépare au réveil ses plus chères délices !...

Mais quels chants enroués ! Quels insipides sons
Partent de ces marais parsemés de buissons ?...
Assises sur les fleurs qui leur servent de trône,
Les *Raines* (1) frappent l'air de leur cri monotone,

---

(1) Sorte de grenouilles qui croassent plus désagréablement que les autres. *(Note de l'auteur).*

Qu'accompagne, à l'envi, celui bien plus affreux
Des voraces corbeaux voltigeant tout joyeux !...
... C'est ainsi que je vis ces crécelles vivantes
Rendre hommage à la lune, aux étoiles brillantes,
Aussi fiers, par ma foi ! de leurs barbares sons
Que l'est le Rossignol de ses tendres chansons !...

. . . .

Tel est un rimailleur, avide parasite
Qui d'un Mécène obscur célèbre le mérite,
Lorsque, devant ses yeux, il se peint étalés
De longs rangs de flacons, de plats entremêlés !...
Ridicule, orgueilleux, il croit dans son délire
Vicomte de Charny, toucher ta noble lyre !...

Adolphe Pousin.

FRÈRE ET SOEUR.

— Mon frère, écoute-moi ...
Quittant notre humble asile,
Je m'en vais à la ville,
Moi plus grande que toi...
Mieux que dans la montagne,
Pour ses parents, on gagne
Quelque argent, tout là-bas...
Sur notre pauvre mère,
Quand je pars, toi, mon frère,
Pour deux, tu veilleras,
    N'est-ce pas ?...

— Oui, Gabrielle,
Disait l'enfant, avec douceur ;
Oui, j'aurai bien soin d'elle...
Je le promets, ma sœur !

— Mon frère, oh ! viens plus près...
Sur mon cœur est ta place ;
Viens, que ta sœur t'embrasse,
Et qu'elle parte après...
Écoute encore, écoute, :
Pour vous deux, dans la route,
Je prîrai Dieu, tout bas...
Et toi, pour notre mère,
Promets-le moi, mon frère,
Tous les jour, tu prîras,
    N'est-ce pas ?...

— Oui, Gabrielle,
Disait l'enfant, avec douceur ;
Oui, je prîrai pour elle....
Aussi pour toi, ma sœur !

— Adieu, mon frère, adieu !...
De ce pauvre village,
Je pars avec courage,
Me confiant à Dieu...
Ici, quand je te laisse,
Tiens-moi bien ta promesse
Et béni tu seras...
Enfin, quand notre mère,

Me pleurera, mon frère,
Tu la consoleras,
N'est-ce pas?...

— Non, Gabrielle,
Lui dit l'enfant, avec douceur ;
Non... je ferai comme elle...
Je pleurerai, ma sœur!

Emile BARATEAU.

MES PREMIERS CENT SOUS.

CAUSERIE

Dédiée à Mlle Dupont.

« En finirons-nous donc de nos pions ridicules
Et des pédants gourmés! » s'écriaient Paul et Jules,
Petits poulains de Job à l'entour d'eux flairant
Les trompettes du monde et son bruit délirant.
— « Trop tôt!.. reprit leur père... ô pauvres hirondelles
Qui maudissez l'entrave en regardant vos ailes,
Sans soupçonner qu'un jour ces murs moins détestés,
Ce collége en un mot... Vous riez? Ecoutez :

J'atteignais mes douze ans quand le mois qui désole
La fleur et l'écolier sous leur fraîche auréole,
Octobre, dans Saint-Lô l'orgueil du Cotentin,
Convoqua ma jeunesse aux charmes... du latin.

Ah ! quel deuil ce me fut de quitter la campagne !
Un deuil à faire aux cieux repentir Charlemagne
D'avoir si méchamment pour nous tous inventé
L'infernal guet-à-pens de l'Université !

Je me retrace encor, par souvenance intime,
Besme qui, dans la cour, attendait sa victime,
Sous forme d'un valet, cornac de la jument
Commise à m'emporter plus ou moins lestement.
« Adieu père ! adieu frère ! adieu sœurs ! adieu mère ! »
Hélas ! oui, vous surtout, qui d'une étreinte amère
Bénissiez mon front pâle entre vos bras blotti...
Mais il fallait partir... et me voilà parti.

« Voyons donc, mieux en croupe ! et foin de qui s'éplore
A tel point pour si peu ! grommelait mon centaure ;
Au lieu d'être à ma veste, où diable est votre main ! »

Ah ! c'est que ma mémoire avait, sur le chemin,
A l'éveil d'un doux son, ressaisi la pensée
D'une pièce d'argent dans mon gilet glissée...
Vous devinez par qui, marmots vifs et follets,
Qu'un baiser maternel expédie... où j'allais.

Ce trésor de cinq francs ! gigantesque médaille,
Me souffla, j'en conviens, des rêves à sa taille...
L'estimant de valeur à balancer de prix
L'hôtel de nos préfets, personnel y compris.
« Qui ? moi, le dépenser, me disais-je, en... bêtises,
Jeu d'oie, ou dominos, échecs, ou friandises ?

Non !.. j'entends le placer, cet avoir sans pareil,
Ainsi que fait mon père, en bons biens au soleil ! »
Sur quoi, ville advenue, aux clameurs des caniches,
De maisons en maisons j'explorai les affiches ;
Et fier d'être important, heureux de resplendir,
D'un pouce à chaque pas je me sentais grandir
Quand l'Argus du collége, ouvrant au coup de cloche
M'aplatit de ces mots : « Entrez mon petit mioche ! »

Ce fut bien pis, plus tard, près des nouveaux amis !..
A mes plans financiers étourdiment admis,
Leur essaim persiffleur d'une opulence en herbe
Me nomma du Veau-d'Or le nourrisseur imberbe ;
Puis, sur tous mes refus d'être d'aucun régal,
Chacun m'envoya paître... avec mon animal.

Jugez si mon projet, sous de telles morsures,
A persister deux mois saigna de ses blessures !
En classe ... autre déboire à joindre aux sobriquets ;
Courbé sur mes auteurs en vain je m'appliquais ,
Entre le *De viris* et ma raison débile
Toujours de mes cinq francs le spectre indélébile,
Plus coupable cent fois que mes esprits absents
De mon français barbare, orné de contre-sens !

Enfin Dieu s'en mêla. Quoi ! Dieu dans cette affaire ?
Oui certe ! Et pourquoi non ?.. Descendu de sa sphère,
Jadis n'a-t-il pas dit, beaux frondeurs triomphants :
« Laissez venir à moi jusqu'aux petits enfants ! »
Donc j'accourus un soir vers sa bonté propice,
Criant : « Pitié, Seigneur, pitié de mon supplice ! »
Et voici comme, habile à me tirer de là,
Par notre aumonier saint le bon Dieu me parla :

« Mon fils , la loi d'en-haut, règle immuable et sage,
Est qu'enfant, homme ou vieux, chacun soit de son âge.
De même qu'aux pommiers trop hâtifs de fleurir
Le fruit trop tôt noué tomberait sans mûrir,
La pièce de cent sous dans ta poche endormie
Ne prophétise rien de ton économie,
Mais, détournée ainsi du vœu de tes parents,
Montre un instinct plutôt, dont... les écarts sont grands.
Prends garde... et l'étouffant au sein des jeux alertes,
Marche dans tes douze ans, cœur simple et mains ou-
                                         vertes ! »

O changement subit et des mieux conseillés !
Tout dès-lors devint rose à mes yeux dessillés :
Avec l'intelligence et lucide et facile,
La pensée à sa tâche attentive et docile,
Les rivaux distancés sans en être jaloux,
Ma pièce monnayée amena les gros sous,
Le sabot, les volants, le bouchon, la toupie,
Et la bourse commune et l'aumône, œuvre pie !
Le tout d'un tel en-train, le tout si rondement,
Que l'amour du collége en fut le complément !

. . . .

Bien plus ! Le croirez-vous ?.. D'une enfance ingénue
Cette idole, à Paris, hier m'est revenue !
S'y méprendre ?. impossible, au signe conservé
Que sur elle, au canif, là-bas j'avais gravé.
C'était, oui, c'était elle !.. Après quarante années
Je la reportais donc à mes lèvres fanées,
Ivre d'émotions, palpitant, stupéfait,
L'interrogeant quasi sur ce qu'elle avait fait
Depuis ces temps lointains !... dont les chères images,
Comme l'étoile antique appelant les Rois-Mages,

M'attiraient, à l'éclair de leurs feux enchanteurs
Vers le sol doux berceau de mes premiers bonheurs...
Et déjà... ranimés... tels qu'au pays des gnômes
Dansaient autour de moi tous ces charmants fantômes,
Folâtres, tapageurs, souriants, gracieux,
Quand soudain de mon front, aujourd'hui triste et vieux,
Un cheveux blanc tomba... qui fit tout disparaître...
Et j'ai, d'un cœur *d'enfant*, pleuré... de ne plus l'être !!

Hipp. Guérin de Litteau.

LE CURÉ D'AULNOIS.

Un vieux curé sur sa monture
Las des feux d'un beau jour d'été,
Au seuil d'une agreste masure
Demandait l'hospitalité...
... Il revenait d'un long voyage
Et rapportait un deuil cruel
... Avec un petit héritage —
Son patrimoine maternel !...
Pour lui c'était une fortune,
Pour les pauvres de meilleurs jours,
En soulageant chaque infortune
Son nom il le taisait toujours !...

Chez le vigneron l'on s'empresse,
On ouvre au pieux voyageur ;
Bientôt il a lu sa détresse
Sur le frond du père rêveur.
— La grêle a fauché votre vigne ?...
Tenez, à vous ce sac poudreux,
Quelle famille en est plus digne?
A vous l'argent des malheureux. —

Le père qui pleure en silence
Repousse un généreux secours ;
Quelle est donc cette providence ?...
Son nom il le taisait toujours !...

Les enfants à l'aube naissante
Dans sa chambre vont à bas bruit,
Le vieillard trompant leur attente
Était parti pendant la nuit !...
Il avait oublié la somme
Que la veille l'on refusait,
Son bréviaire aussi, le saint homme,
Et le vigneron s'écriait :
— Son nom toujours dans ma prière,
Son nom, pour le bénir cent fois !...
Sur la basane du bréviaire
On lisait : — Le curé d'Aulnois !...

Francis Tourte.

POUR UNE DISTRIBUTION DE PRIX.

Élèves si pleines d'amour
Pour le devoir et pour l'étude,
Vous allez avoir en ce jour,
Des prix selon votre habitude ;
En voyant ainsi réunis
Pour jouir de vos récompenses,
De bons parents, de vrais amis,
Chantons tous : Vivent les vacances !

Et vous qui n'avez point encor
Su mériter une couronne,

Dès ce jour prenez votre essor,
Que dans un an on vous la donne.
Apprenez à vous corriger
Pour vaincre ces mauvaises chances ;
Sans vous laisser décourager,
Songez aux prochaines vacances.

Un congé se donne au soldat,
L'écolier et la jeune fille,
Le bachelier, le magistrat,
Ont un temps pour être en famille.
Travail et repos, par moitié,
Se partagent nos existences
Et ce n'est que dans l'amitié
Qu'il ne faut jamais de vacances.

Sophie Ballyat.

SOUS LES ÉPIS.

A Ed. Plouvier.

Marguerite,
  Ma petite,
Oh ! cache-toi bien vîte
Sous les épis foulés.
Tes beaux jours, fleur chérie,
Sont-ils donc envolés ?
Voici la faux qui crie,
On vient couper les blés.

Des cœurs discrète confidente,
  Ma fleur charmante,
Tu ne saurais plus nos secrets,
  Ah ! quels regrets !

Sur les prés verts, toi la plus belle,
Tu reviens avec les beaux jours,
Et seule, à la voix qui t'appelle,
O ma fleur, tu réponds toujours.

Ainsi chantait dans la vallée,
    Sous la feuillée,
Une blonde et timide enfant,
    Chemin faisant.
Et pour la Vierge, simple offrande,
De l'été parfumé trésor,
Elle tressait une guirlande
De bluets et de boutons d'or.

Or, la marguerite fleurie
    Dans la prairie
Ne devait pas rester longtemps
    Fleur du printemps.
Le lendemain, sous la faucille,
La pauvre fleur aussi tombait.
Alors que de sa voix gentille
L'enfant à l'écho répétait :

    Marguerite,
    Ma petite,
Oh ! cache toi bien vite,
Sous les épis foulés ;
Tes beaux jours, fleur chérie,
Sont-ils donc envolés !
Déjà la faulx qui crie
Avait coupé les blés !

Jules ADENIS.

Le Gérant, GAUTHIER.   Typ. d'A Vingtrinier.

PORTRAIT DE L'ENVIE

SATIRE.

A Jules S.....

Voyez ce monstre au teint hideux !
Des serpents sifflent sur sa tête !
Un feu noir jaillit de ses yeux,
Sa figure est pâle et défaite !
Il gémit de voir des heureux !
Il souffre du calme du sage !
L'aspect d'un homme vertueux
Enflamme sa hideuse rage !

Ces traits — qui font frémir d'effroi ! —
Vous peignent l'odieuse Envie !
Vertus, talents et bonne foi
Font le supplice de sa vie !...

Mais un autre démon encor
Avec elle agit et s'accorde...
Pour nuire, — on voit toujours d'accord
La sombre ENVIE et la DISCORDE !

VICOMTE DE CHARNY.

A QUELQUES POÈTES.

SONNET.

Quelque chose qui jette, en mon cœur agité,
Un saint étonnement que rien ne peut distraire,
C'est un sonnet de Tasse à Camoëns, son frère,
Son rival d'infortune et d'immortalité.

J'y vois que, sur un ton de calme dignité,
Ils parlaient de leur muse à l'aile téméraire,
De triomphes divins, de sceptre littéraire,
Comme deux rois traitant de leur autorité.

Pourtant, la destinée était loin d'être bonne
Au cygne de Ferrare, à l'aigle de Lisbonne :
Tous deux se répondaient du fond d'un hôpital !

Avec l'amour ingrat et la gloire muette,
La faim les a tués, ces Dieux ! — Et maint poète
Se plaint, chez Tortoni, que son astre est fatal !!

ENVOI

A mon ami-poète Emile Barateau.

Ce n'est pas vous, Emile, ô mon cher homonyme,
Qui jetez à l'écho ces soupirs criminels,
Satisfait de la Muse et du vote unanime
    De tant de rivaux fraternels ;

Noblement descendu des régions hautaines,
Vous promenez vos pas dans l'herbe des fontaines,
Où votre luth s'abreuve à ces flots éternels
    Que puisa Rome après Athènes !

Emile Deschamps.

LA FOI ET L'ESPÉRANCE.

  Filles des cieux qui, dans mon cœur,
  Versez le baume salutaire
  Qui seul en calme la douleur
  Et peut soulager sa misère,
  Dons de Dieu ! précieuse Foi,
  Douce et consolante Espérance !
  Vos bienfaits s'épanchent sur moi
  Et j'en bénis la Providence.

  Quand le malheur vint succéder
  Aux jours d'un bonheur sans nuage,
  Vous seules avez pu m'aider
  A l'accepter avec courage.
  Vainement j'aurais eu recours
  A la froide philosophie ;
  Qu'attendre, hélas ! de son secours
  Aux jours néfastes de la vie ?

  Elle n'a point la clé des cieux
  Ni votre puissance féconde ;
  Ses destins sont moins glorieux,
  Son empire est tout de ce monde.
  Jamais ses consolations
  Que nul pieux accent n'épure,

N'ont pu, de nos afflictions
Cicatriser une blessure.

Sans l'Espérance et sans la Foi
Tout, ici-bas, se décolore ;
Et l'homme attend avec effroi
Qu'un jour le néant le dévore !
S'il meurt, il croit que tout est dit,
Que rendant son corps à la terre,
Plus rien après ne lui survit,
Qu'il n'est plus que cendre et poussière !

Mais s'il marche à votre flambeau,
Vous lui montrez, dès cette vie,
De l'autre côté du tombeau,
Les rivages de la patrie.
Il voit, sur ces bord fortunés,
Ceux dont il pleure la mémoire,
Des splendeurs de Dieu couronnés,
Dans l'éternité de sa gloire.

Ils ne sont pas perdus pour lui,
A leur bonheur il peut atteindre,
Il sait, qu'aidé de leur appui,
Aux cieux il ira les rejoindre.
Ses maux alors seront finis ;
Pour lui, plus de deuils, plus d'alarmes ;
Dieu qui les aura réunis
Pour toujours essuiera ses larmes !

Des morts secouant le sommeil,
Voler à l'immortelle vie ;
Dans un ineffable réveil
Revoir une épouse chérie;

Un fils, des parents, des amis
Souvent moissonnés avant l'âge,
Avec eux, Seigneur, être admis
A votre céleste héritage !

Pour lui, c'est l'espoir de la Foi,
Et c'est la foi de l'Espérance,
Flambeaux de votre sainte loi
Dont son cœur bénit l'assistance.
Placés sur la route du temps,
Pour le guider dans le voyage,
Ce sont les phares éclatants
Qui le sauveront du naufrage !

Il voit à leurs pures clartés,
Qu'une éternité tout entière
De gloire et de félicités
L'attend au bout de sa carrière.
Il voit, au funèbre convoi,
Succéder la magnificence
Des merveilles qu'attend la Foi,
Des biens promis à l'Espérance

La mort, pour lui, c'est le sommeil,
Repos d'un pénible voyage,
Qui sera suivi du réveil
Terme de son pèlerinage.
Il hâte donc le jour heureux
Où d'un ange prenant les ailes
Il poura s'élancer joyeux
Vers les demeures éternelles.

P. Dupuy, magistrat.

A MADEMOISELLE SOPHIE BALLYAT.

> Il me semble parfois que ma tête s'égare !
> Tout se trouve changé dans mon triste horizon
> Mes regards éperdus cherchent en vain le phare
> Qui guidait ma raison !!'

Ne lui dites plus : Notre père,
A celui qui nous fait souffrir !
Ne dites plus : en toi j'espère,
A celui qui nous fait mourir !

Comme vous, à ce Dieu, j'adressais mon hommage.
Je bénissais son nom, j'accomplisais sa loi,
Lorsqu'il a déchaîné le plus cruel orage
    Pour le lancer sur moi !

En voyant approcher la tempête terrible,
J'ai pleuré, j'ai crié, j'ai courbé mes genoux !
J'ai dit : Pitié, Seigneur ! C'est une chose horrible
    De frapper de tels coups !

Il n'a pas entendu !! Sous le toit solitaire
Je ne retrouve plus celui que j'aimais tant !...
Mon père est mort !!! Hélas ! sur cette triste terre,
    Que faire maintenant ?

Plus de fleurs, plus d'oiseaux, plus de ciel, plus d'étoile !
La nature est pour moi comme un vaste cercueil !
Tout ce qui me charmait s'est couvert d'un grand voile,
    D'un vêtement de deuil !

Je ne lui dis plus : Notre père,
A celui qui nous fait souffrir !
Je ne dis plus : en toi j'espère,
A celui qui nous fait mourir !!!

Oubliez, oubliez ce que je viens de dire.
La profonde douleur seule a dicté ces mots :
Lorsqu'on a bien souffert notre âme est en délire,
  Elle voit le chaos :

Au milieu de la nuit qui partout m'environne
Je viens de voir passer un ange radieux !
Sur son front il portait une blanche couronne,
  Il m'a montré les cieux !

Et déja malgré moi, je lui dis : Notre Père !
A celui que j'aimais, et qui m'a fait souffrir !.
Malgré moi, je lui dis : Seigneur, en vous j'espère !
  Venez me secourir !!!

Clotilde Jantet.

CHIEN D'AVEUGLE.

LA PROVIDENCE EST PARTOUT.

OEil de ton maître aveugle, ami toujours fidèle,
Qui mieux que son bâton, pauvre barbet crotté,
Sais diriger son pied qui se traîne et chancelle
  A travers la cité ?

Toi qu'immortalisa du chantre d'Ionie,
En un si beau portrait, le poème inspiré,
Et qui sans doute fus, de cet errant génie,
  L'humble guide ignoré ;

Esclave à qui son roi malheureux s'abandonne,
Faiblesse où cependant l'homme vient s'abriter,
Type obscur et chéri du dévoûment qui donne
  Et ne sait pas compter !

Je les ai vus souvent, du coin de ma fenêtre,
Descendre du grenier l'escalier raboteux,
Dès que vient le soleil, et le chien et le maître,
    Tristes, parfois, tous deux.

C'est qu'il est de ces jours où si juste l'on gagne
Ce pain que sou par sou Dieu veut leur envoyer,
Qu'alors la faim, l'horrible et cruelle compagne,
    Vient s'asseoir au foyer !

Votre voisin du toit, écoutez comme il chante.....
Il vous dit ce matin qu'un jour meilleur a lui,
Le Ciel, pauvres glaneurs, vous promet abondante
    La moisson d'aujourd'hui.

L'aveugle part, bravant les périls de la rue,
Et sa main cherche à peine à s'appuyer aux murs.
Tant en son éclaireur sa confiance accrue
    Rend ses pas presque sûrs.

D'un noble instinct je vois étinceller la flamme,
Utile créature, en ton œil attentif ;
Il marche prudemment, n'a-t-il pas charge d'âme
    Ce dévoué captif?

Et le maître obéit à cette corde usée,
Fil conducteur qui tient au vieux collier noirci,
Du jour elle est pour lui la splendeur refusée,
    Ce sont ses yeux aussi !

Mais pour toi ce n'est pas un signe d'esclavage,
Modeste serviteur, que ce faible vieillard
Appelle son ami, toi qui dans le partage
    Pris la plus rude part !

Altéré, tout suant et la langue pendante,
Portant la trace au cou de son lien trop tendu,
Le guide du vieillard presse l'allure lente
  D'un effort assidu.

Souvent il renouvelle un élan qui l'épuise,
Il persiste et lui dit, ce semble, en l'attirant :
« Au coin du carrefour si la place était prise ! »
  Et l'aveugle comprend.

Il se hâte, et bientôt la dalle accoutumée,
Froide, humide et boueuse a reçu ses genoux ;
Du rosaire il reprend la mélodie aimée
  Sur un ton triste et doux.

Le barbet cependant, de sa laine salie,
Réchauffe le vieillard dont il lèche la main,
Et pour son maître il a ce regard qui supplie
  Et demande du pain.

De l'élégant coupé partageant la couchette,
Bijoux mignons charmant plus d'un coquet ennui,
L'épagneul délicat, la frileuse levrette
  Défilent devant lui.

Mais lui n'écoute pas ce bruit dont il s'isole
Et qui fait à tous deux leur effort impuissant,
C'est le souffre-douleurs de la jeunesse folle
  Qui l'agace en passant.

Si l'attente pour eux n'était pas si stérile,
Le pauvre lèverait son front humilié,
Au bruit du petit sou tombant dans la sébile
  Tout serait oublié.

Etouffant la prière, hélas ! inexaucée
Du groupe suppliant, mais à peine écouté,
Enfin la nuit viendra, visiteuse empressée,
    Assombrir la cité.

Se reprochant alors un soupir qu'il refoule,
L'aveugle se relève, il a sû résister
A la chaleur du jour, à l'oubli de la foule,
    Poids plus lourd à porter !

Et maître et serviteur, d'une allure plus lente,
Vont manger leur pain noir dans le grenier lointain,
Le pauvre cherche en lui l'illusion absente,
    Si belle ce matin.

Et pourtant j'ai surpris, dans son triste silence,
Un nom à ses douleurs comme un espoir mêlé,
Couché sur son grabat, il a dit : « Providence ! »
    Il s'endort consolé.

C'est là le grand secret, le mot de tout mystère,
La lueur éclairant notre pâle horizon,
Dogme que notre cœur accepte et qui fait taire
    L'orgueilleuse raison.

J'en reconnais en vous la preuve manifeste,
Pauvre aveugle et bon chien, devant vous mon esprit
S'éleva bien souvent jusqu'au père céleste,
    Qui lui seul vous nourrit !

Toute note a son prix dans la grande harmonie,
La goutte d'eau qui tremble au calice vermeil,
Reflète, comme l'astre, à distance infinie,
    Le rayon de soleil !

C'est bien vous, dont l'oreille à notre appel s'incline,
Dont le soin paternel à tout être s'étend ;
Vous vous cachez, mon Dieu, notre cœur vous devine,
  Il espère ! il attend !

Ces astres inconnus, aux courses vagabondes,
C'est vous qui les guidez ; votre main dans les cieux
Allume les soleils, règle de tous ces mondes
  L'ensemble harmonieux.

Mais aussi vous donnez, ô mère prévoyante,
Et sa parure au lis et sa laine à l'agneau,
L'aumône au mendiant, le soleil à la plante
  Et la graine à l'oiseau.

Pleins de la charité pour qui sont vos promesses,
Qu'entre le pauvre et nous vous mîtes comme un lien.
Nous aussi nous aurons offrandes et caresses
  Pour l'aveugle et son chien.

Soyez compatissants à ces douleurs muettes,
Que vos yeux et vos cœurs ne restent pas fermés.
Convives satisfaits, laissez tomber vos miettes
  A ces deux affamés !

Vial, avocat.

AMOUR DE LA PATRIE.

SOUVENIR DE VOYAGE.

L'Indigène :

Mon jeune ami, lorsque la brise passe,
 Et de l'eau ride la surface,
  Toujours tu te prends à pleurer ;
Dans nos climats, pourtant on ne fait point la guerre ;

Ici le ciel est doux, généreuse est la terre ;
De l'espoir de nous fuir pourquoi donc te leurrer !
Ai-je souffert jamais que ton épaule porte
    Le lourd fardeau que le robuste Indien
        A sa tête suspend si bien ?
Dans nos conseils, toujours c'est ta voix qui l'emporte.
Nul ici ne te vend sa peine et son travail ;
Le repos t'est permis au hamac du portail ;
    Pour t'abriter, ce n'est pas toi qui cueilles
      Du bananier les larges feuilles,
Et jamais sur tes mains, comme un fils d'arriero (1),
    Tu n'as porté le cantaro (2).
C'est nous seuls qui courons, de citerne en citerne,
Puiser cette fraîche eau qui baigne tes cheveux ;
      Je t'aime autant que mes neveux ;
Dans ma case, réponds, est-ce moi qui gouverne ?
C'est toi qui règles tout : mon sommeil, mes repas ;
Partout, si tu le veux, j'accompagne tes pas ;
    Ma fille t'aime, et, d'espérance,
    Sa mère la surnomme France ;
Et ce nom t'est bien cher, tu me l'as souvent dit...
Cesse donc d'être ingrat, ah ! cesse, par ton âme,
D'affliger ton ami, mon enfant et ma femme,
    Ou bien je te croirais maudit.

L'Étranger :

Bon Indien ! quand la vague eut brisé sur la plage
    Le bateau frêle où je m'étais jeté,

---

(1) Muletier.
(2) Vase en terre cuite.

Et que par toi sur le rivage,
Presque mort je fus apporté,
Mieux eût valu qu'inhumain et farouche,
De ton bras fort, le repoussant à flot,
Tu n'eusses point sauvé le pauvre matelot......
Ne maudis point les mots qui sortent de ma bouche ;
N'accuse pas mon cœur, il sent comme le tien ;
Va! dans l'âme, je suis Indien....
J'aime ta bonhomie et ta douceur candide ;
J'aime ton chaud soleil, ton eau fraîche et limpide ;
J'aime tes chants grossiers, tes repas, ton sommeil ;
Ton maïs nombreux et vermeil ;
La pompe de tes cieux du couchant à l'aurore....
Ton langage incorrect, ami, je l'aime encore ;
J'aime enfin tes forêts, tes chasses, tes combats ;
Tes oiseaux arc-en-ciel ; si parfois j'en abats,
De tes jolis enfants j'en décore les têtes,
J'en pare aussi mon front ; tes plaisirs sont mes fêtes ;
Et jamais l'Angelus ne s'entend au saint lieu
Sans que de tes bonté je n'aille louer Dieu....
Mais, ami, comprends-moi : cette mer si profonde
Dérobe à nos regards un ciel, un autre monde....
Dans l'abîme des flots que ne suis-je resté !
Indien, ton sol natal, l'as-tu jamais quitté?
Non?... Tu ne sais alors ce que vaut la patrie ;
Va, c'est plus qu'une épouse ou qu'une enfant chérie,
Va, c'est plus que la propre vie,
Car c'est plus que la liberté !....

Si quelque jour, ami, le besoin de connaître,
Te révélait des lieux où tu n'as pas dû naître,
Quitte alors ton pays ; puis, qu'un autre soleil,

Sortant d'une autre mer, l'offre un autre appareil :
Que la brise, parfois, vers ta terre adorée,
    A l'heure où descend la marée,
Au lieu de t'emporter, n'emporte qu'un soupir ;
Perds enfin tout espoir de revoir ton rivage,
Tes forêts, tes oiseaux, ton asile sauvage,
Et tu diras : Hélas, ma patrie.....ou mourir !

H. Mansion,
Directeur de l'Ecole normale du Rhône (1).

LA PRIÈRE DE MON MIMI.

Je sais bien que l'on prie
D'une lèvre attendrie
Et la Vierge Marie
Et l'Ange Gardien ;
Que souvent à voix basse,
Au bon Dieu qu'elle embrasse,
Maman demande grâce,
Pour qui ?. je n'en sais rien.

Je sais bien qu'elle adresse,
Quand elle me caresse,

---

(1) M. Mansion nous écrit : « Je me demande quelle figure feraient mes rimes parmi les nombreux morceaux de véritable poésie qui enrichissent la *Muse des Familles*... Si cette bleuette fait son entrée à peu près convenablement dans votre charmant recueil, j'en serai très-flatté, comme on l'est d'être accueilli avec indulgence dans la société de gens de mérite qui sont aussi des gens de bien. »

Nous connaissions M. Mansion bon prosateur, habile peintre et surtout excellent professeur, mais nous ignorions son beau talent de poète. Espérons que, malgré sa modestie, il voudra bien continuer à faire partie de cette « réunion de gens d'esprit et de cœur, » si gracieusement désignée dans sa lettre : il y occupera bien sa place

(*Note de la rédaction*).

Des vœux pleins de tendresse
Pour ces pauvre enfants
Que la faim martyrise,
Que le travaille épuise,
Qui n'ont pas de chemise,
Ou n'ont plus de mamans ;

Je sais qu'elle travaille
Pour l'enfant de ma taille,
Qui couche sur la paille
Dans la saison du froid ;
Et qu'elle se retranche
Le plaisir du dimanche
Pour donner pièce blanche
Au plus vieux de l'endroit.

Je sais qu'elle se fouille
Pour ceux que l'on dépouille,
Pour ceux que l'on verrouille,
Pour ceux qu'on met dehors ;
Que ses regards se baignent
Pour tous ceux qui se plaignent
Pour tous ceux qui s'éteignent,
Pour tous ceux qui sont morts.

Je sais bien qu'elle appelle
La clémence éternelle
Sur le peuple infidèle,
Sur le peuple d'élus ;
Et que le jour des Mages
Pour nous rendre plus sages
On porte nos hommages
Au bel enfant Jésus.

Je sais qu'elle demande
Qu'heureux de mon offrande
Les bras de Dieu s'étende
Autour de l'orphelin ;
Que sa bonté regarde
Au fond de la mansarde
Et prenne sous sa garde
Ceux qui n'ont pas de pain.

Mais, ô mon Dieu, j'ignore
Comment on vous implore :
Je suis trop jeune encore,
Pourtant je vous bénis :
Que le ciel me permette
De faire un homme honnête,
Dans ma petite tête
Voilà ce que je dis.

Que le bonheur enivre
Tous ceux que j'aime à suivre,
Et qu'il les fasse vivre
Autant que leurs neveux ;
Qu'on danse, qu'on babille,
Que la gaîté pétille
Dans toute ma famille,
Voilà ce que je veux !

J. B. POURRAT.

Le Gérant, GAUTHIER.   Typ. d'A. Vingtrinier.

A LA MUSE DE LA SATIRE.

Éloigne-toi de moi, Muse de la satire ;
Ma langue ne veut plus s'occuper à médire.
Combien de fois déjà, saisi de repentir !
J'ai brûlé les feuillets que tu m'as fait noircir,
Et tu reviens toujours, à ton œuvre obstinée,
Présenter à mes doigts ta plume empoisonnée ;
Tu m'enlaces et dis : « Frappe et tu feras bien ;
La justice est sévère et ne s'arrête à rien. »
Ah ! va porter ailleurs ces présents de la haine,
Que tu veux accorder à ma facile veine !
Aux cris de la colère, en pleurs la Charité
Doit répondre à son tour et parler de bonté.

Qui nous donne le droit d'exercer la justice ?
Sommes nous donc certains, en fustigeant le vice
De ne tomber jamais sur de simples erreurs
Qu'un jour le repentir lavera de ses pleurs ?

Quand nos doigts sont crispés, que notre sang bouillonne,
Qu'à l'imprécation notre cœur s'abandonne,
Pouvons-nous garantir d'être justes toujours !
Notre œil peut-il, d'un cœur perçant tous les détours,
Sans qu'il puisse répondre à la voix qui l'accuse
Le voir assez à fond pour repousser l'excuse !
La justice impassible, assise au tribunal,
Sachant qu'on peut errer et qu'on peut juger mal,
Procède lentement et retient sa sentence
Espérant l'amoindrir après une défense...
Et nous, prompts à frapper, sans prendre tant de soins,
Juges accusateurs, nous passant de témoins,
Dès que nous avons cru rencontrer des coupables
Nous les frappons soudain de coups impitoyables !

O Muse, si le blâme a pour toi tant d'appas,
S'il faut absolument que je suive tes pas,
Que je porte ta torche et qu'avec toi je tonne,
Frappons sur les travers et n'atteignons personne.

Ch. Michel.

A MONSIEUR CHARLES MICHEL.

(Réponse sur les mêmes rimes.)

Contrairement à vous, j'adore la satire,
Et pour le bien d'autrui je m'occupe à médire.
Au lieu d'être saisi d'un cuisant repentir,
Je déteste le vice et j'aime à le noircir.
Oui, j'aime à flageller la sottise obstinée,
Dont nous sentons partout l'haleine empoisonnée.

La voix de la raison me dit que je fais bien,
Et que fausse pitié ne peut servir à rien.
Ne croyez pas d'ailleurs que ce soit de la haine,
Qui fasse déborder ma satirique veine,
Ou que mon triste cœur, manquant de charité,
Refuse obstinément asile à la bonté.
J'use du droit sacré d'exercer la justice
Que prend tout honnête homme en présence du vice,
Et, si je corrigeais de funestes erreurs,
Ma voix empêcherait de couler bien des pleurs.

Et-il donc étonnant que tout mon sang bouillonne,
Quand aujourd'hui chacun au luxe s'abandonne,
Et quand d'affreux jupons, qui s'accroissent toujours,
M'obligent, pour passer, à faire des détours?
Dans son juste dépit, si le monde m'accuse,
La morale et le goût fourniront une excuse,
Il sont à mes côtés, assis au tribunal,
Et se font un devoir de résister au mal.
L'orgueilleux Turcaret, entendant ma sentence,
Ne sait pas élever la voix pour sa défense,
Quoiqu'à se gorger d'or il mette tous ses soins,
Il ne peut à décharge acheter des témoins,
Et justement placé sur le banc des coupables
Il reçoit de mes vers les coups impitoyables.

Comprenez donc combien la satire a d'appas
Pour qui trouve toujours des travers sous ses pas :
Mais, d'accord avec vous, si ma grosse voix tonne,
Elle foudroie en masse et ne vise personne.

Paul Saint-Olive.

ASSIGNATION A DINER.

A A. Cosnard.

J'ai sauvé d'anicroche,
    Mes fonds, cher Cosnard ;
Je rêve un dîner proche,
    Qui soit goguenard.

Je voudrais pour convive,
    Avoir un Gaulois,
Aux jeux de l'humeur vive
    Faisant des exploits ;

Docte esprit, vrai poète
    Rimant d'un seul jet,
N'ayant bouche muette
    Sur aucun sujet ;

Doué d'un cœur qui vibre :
    Premier numéro,
Auquel on s'ouvrit libre,
    Sans garde à carreau.

C'est, par un clair programme,
    Assez faire voir,
Qu'au dîner que je trame
    Je voudrais t'avoir.

De par l'amitié stable,
   Le dix du courant,
Je t'assigne à ma table....
   Chez un restaurant.

Je veux, sur une affaire,
   Te questionner,
Car on ne vide un verre
   Que pour raisonner.

La vieillesse étant sage
   Et conseillant mieux,
Nous ne ferons usage
   Que de mâcon vieux.....

Sans autre préambule,
   Le fait est que j'ai
Produit un opuscule
   Assez dégagé.

— Bon, diras-tu! le traître,
   Devant deux couverts,
M'invite à comparaître
   Pour juger... ses vers !

— Je dois, d'humble manière,
   T'offrir, en effet,
Entre poire... et gruyère,
   Ce plat imparfait.

Il s'agirait d'y mettre,
   De ton sel, un peu ;
Daigne t'y compromettre,
   Lettré Cordon-bleu !

Ah ! fais qu'on s'en amuse !
   Que, pur, après tout,
Des familles la Muse
   Le trouve à son goût !

Viens, sans mélancolie,
   M'assister, sinon,
Gare à toi, je publie
   Mes vers... sous ton nom !

Prosper Delamare.

ACCEPTATION !

A P. Delamare.

Collègue en vers, en prose,
Puis en mainte autre chose,
   Guignon compris,
Malgré les destinées
Tu sauvas tes guinées...
   J'en suis surpris !

Tu sauveras de même
Ton monument suprême

Du sombre oubli,
Toi dont l'exquise plume
Nous prépare un volume
Si bien rempli...

— Joyeux, tu me révèles
Quelques rimes nouvelles
Et deux couverts...
Honneur à ta requête !
Fêtons la double fête :
Repas et vers !

Notre humaine nature
Exige, pour pâture,
Différents mets ;
Ce qu'on dit, ce qu'on mange
Prend un arôme étrange
Entre gourmets....

Coupe pleine ou vidée
Fait jaillir une idée,
Un souvenir...
Aidés d'une rasade,
Nous verrons moins maussade
Notre avenir....

Pour deux faiseurs de strophes,
Beaucoup plus philosophes
Qu'à leur début ;

Sans jalousie aucune
Dans leur route commune
   Vers le grand but;

Ah! que c'est chose douce,
Après mainte secousse
   Du sort moqueur,
De narguer la tempête
En causant tête à tête
   Et cœur à cœur!...

Pour fraternel contrôle,
Chacun, à tour de rôle,
   Est consulté.....
Convenons, mon cher hôte,
D'arroser chaque faute,
   Chaque beauté!

Ta pièce nouveau-née,
En règle examinée,
   Va mieux fleurir...
La Muse des Familles
Aux garçons comme aux filles,
   Voudra l'offrir....

Car cette aimable Muse
Permet que l'on s'amuse
   A ses moments;

Qu'on raille avec décence,
Et même qu'on l'encence
   En vers charmants....

La gaîté devient rare !
La tienne est, Delamare,
   Au premier rang...
Gaulois nourri d'Horace,
Quel entrain plein de grâce,
   Quel rire franc !

On devinerait, frère,
Ton vrai nom littéraire,
   S'il se cachait ;
Dans ton œuvre soignée
Chaque page est signée
   De ton cachet..,

Mais trêve à ces échanges
De sincères louanges !
   Je les suspends.
Craignons la galerie,
Et qu'un plus fin ne rie
   A nos dépens !...

Buveurs d'eau, mangeurs d'herbe
Citeraient un *proverbe*
   Malencontreux.....

Les pédants à diplôme
Savent cet axiome.....
Qu'on fit pour eux.

Alexandre Cosnard.

LES CONTEMPLATIONS.

I.

Vous l'avez lu, ce livre écrit aux heures sombres...
Forêt d'épis dans nos sillons.
Le poète a chanté... — Ses douleurs sont les ombres,
Ses souvenirs sont les rayons.

Seize ans d'un long silence ! — Et, pendant cette trêve
Où le maître ne chantait pas,
Les uns disaient : Il dort ; et les autres : Il rêve...
Il souffre !... — disions-nous tout bas.

Tout est beau: frais récits, chants d'amour, catastro-
Plaisirs ou deuils qu'il partagea. [phes...
L'Enfance, chanson-râle — et *Le Revenant*, strophes
Que les mères savent déjà.

L'Epitaphe, un reproche — ô nature cruelle ! —
Le Mendiant, rêve étoilé ;
La Vie aux champs, tableau du soir ; — *La Coccinelle*,
Baiser vole, amoureux volé.

Vere novo, pensée éblouissante... — Il neige
    Des fleurs et de blancs papillons ;
L'abeille, de la ruche, ainsi que d'un collége,
    S'échappe en bruyants tourbillons.

Le Billet du matin, aube étrange, délire,
    Fantaisie, extase, sommeil...
Où le poète met pour cordes à sa lyre
    Les rayons même du soleil.

II.

La phrase est calme encore, heureuse... — C'est l'an-
    De cet admirable concert ;   [dante
Plus loin, le vers gémit... — Le maître, nouveau Dante,
    De son cœur nous montre l'enfer.

C'est la douleur du père, éloquente, sublime...
    Écho des longs jours de l'exil...
Dont chaque vers vous tord le cœur, dont chaque rime
    Suspend un pleur à chaque cil.

Lorsqu'on a lu l'adieu qu'il prodigue à sa fille,
    De pleurs on a l'œil ébloui...
On ose... — se croyant presque de la famille —
    On ose pleurer avec *lui*.

On dit, sans l'avoir vue, *elle:*—O toi, qui nous charmes,
 Il devait t'aimer à genoux !
On dit : Combien ce livre a dû boire de larmes
 Avant d'arriver jusqu'à nous...

III.

Deux poètes encore... — Et leur âme est meurtrie
 Et leurs rêves sont douloureux ;
Le premier a perdu le ciel de la patrie,
 L'autre le toit de ses aïeux....

Frères en poésie, ils avaient pour symbole
Le luth... — auquel naguère un crêpe vint s'unir...

 Donnons à l'un le souvenir
 Et donnons à l'autre une obole.

Alexandre FLAN.

LE TROUBADOUR.

BOUTS - RIMÉS. — SONNET (1).

La nuit couvre le ciel d'une ombre vaste et noire,
Sire du vieux castel ! ouvrez au troubadour.

---

(1) L'auteur, jeune encore, a été enlevé à ses nombreux amis, le 28 mai dernier, par une mort prompte et inattendue. Il avait publié

Sur le champ de bataille il célèbre la gloire ;
Et pour la noble dame il sait des chants d'amour.

Il raconte des preux la vénérable histoire ;
Un autre, comme moi, dira la vôtre un jour,
Gentil seigneur ! ma voix rappelle la victoire ;
On m'a dit que le roi m'attendait à la cour.

Ma harpe est ma compagne et je vais seul au monde ;
Je parcours les manoirs ; jamais la guerre et l'onde
N'ont arrêté mes pas ; je suis gai voyageur.

Châtelaine ! accueillez le trouvère à la mode ;
Que voulez-vous ? sonnet, madrigal, poème, ode
Pour plaire à vos beaux yeux, je chante... et de bon cœur.

BOUCLIER.

LE PAPILLON ET LA CHANDELLE.

FABLE.

Un papillon dans un trou de poutrelle,
   Dormait tranquille en son réduit ;
  Quand tout à coup, au milieu de la nuit,
  Le maître rentre avec une chandelle :
   Le papillon en fut séduit ;

naguère un volume de poésies, *les Rayons du Matin*, et il savait allier parfaitement les travaux du commerce avec ceux de l'esprit. La Société littéraire de Lyon, dont il était un des membres, a vivement senti sa perte. Le sonnet, que nous donnons à nos lecteurs, a été écrit par lui sur un album ; les rimes et le sujet lui avaient été imposés.

Notre insecte charmé vers le flambeau s'élance
    Et chatouille tout doucement,
    De son aile sans méfiance,
    La surface de l'élément.
    Hélas! il se brûle et succombe
Cet attrait le conduit aux portes de la tombe.
Au pied du chandelier, il en trémit encor,
    Lorsque bientôt il reprend son essor;
Pour la seconde fois il maudit son envie,
Le flambeau ravissant le brûle de nouveau;
Le pauvre papillon y termina sa vie
Et voulut qu'on gravât ces mots sur son tombeau :

Les éclats de ce monde, évitez-les, jeunesse!
Fuyez ces vains appas où court votre faiblesse,
Comme moi vous auriez un lamentable sort.
Pour le corps et l'esprit, le plaisir c'est la mort.

Monmoreau Fils.

ENNUI.

Avez-vous éprouvé de ces moments d'ennuis,
Où tout vous est à charge, où tout se décolore;
Si bien, qu'à peine l'aube a commencé d'éclore,
On voudrait la changer en d'éternelles nuits !

On est triste, et pourquoi? Nul ne saurait le dire ;
La vie est monotone ou chagrine en tout lieu ;
Sans cesse à blasphémer, ou sans cesse à maudire
On voudrait nier l'âme... on voudrait nier Dieu...

Eh bien ! dans ces moments, isolez-vous du monde ;
Plongez-vous à loisir au sein de votre cœur ;
La méditation est une paix féconde
Qui donne le courage et trempe la vigueur.

Seul avec mes ennuis, seul avec la nature,
Je n'ai touvé que là l'espérance et la foi ;
La foi qui m'a montré l'existence future,
L'espérance qui parle et sourit avec moi.

Chants divins, poésie, ineffables délices,
Fleurs qui vous émaillez sous nos pas douloureux,
Effeuillez aujourd'hui vos plus riants calices,
Afin que je m'enivre, et que je sois heureux...

Lorsque de vos parfums j'ai respiré les charmes,
Lorsque avec tant d'amour je vous vois refleurir,
J'ai honte de moi-même, et je verse des larmes ;
Je me mets à prier... et ne veux plus mourir !

Pierre du Moulager.

LA MONTAGNE.

Ame dont la vie éternelle
A pour demeure le ciel bleu,
Prête à ma raison qui chancelle
Ton amour et l'appui de Dieu.

Qu'à ta voix sa bonté m'assiste,
Car, sans me reposer jamais,

J'ai marché seul et le cœur triste
Loin du pays où tu m'aimais.

Tu fus la lumière et l'idole
De mes jours, riants autrefois :
Semblable à l'archange qui vole,
Dans mes songes je te revois.

C'est toi dont l'ombre solitaire
Partout se révèle à mes yeux,
Toi qui m'as chéri sur la terre
Et m'attends encor dans les cieux.

J'ai gravi la montagne où gronde
La tempête au dessous de moi,
Pour prier loin des bruits du monde
Et pour me rapprocher de toi.

Mais je retrouverai l'orage
Tout-à-l'heure où je l'ai laissé.
Soutiens ma force et mon courage ;
Bénis-moi comme au temps passé.

Sylvain BLOT (1).

(1) M. Sylvain Blot a laissé des souvenirs à Lyon non-seulement comme charmant poète, mais encore comme habile administrateur. Nous remercions l'homme sérieux d'être redevenu un moment pour nous comme autrefois l'homme d'imagination et nous lui en témoignons ici toute notre reconnaissance.

Le Gérant, GAUTHIER.   Typ. d'A. Vingtrinier.

JOB.

I.

Au cimetière, à l'heure où le jour tombe,
A l'heure pâle, incertaine du soir,
Un malheureux, sur le bord d'une tombe,
Triste, abattu, loin de tous va s'asseoir.

Il rêve, il dit : « Je cède à la souffrance,
Et la nature a vaincu la raison.
Tout m'est ravi, jusques à l'espérance.
De pleurs je veux arroser ce gazon.

« Je veux pleurer, mon Dieu, je veux me plaindre.
Je puis me plaindre à toi sans m'avilir.

Tu prends le nom de Père, qu'ai-je à craindre ?
Je viens à toi, tu sauras m'accueillir.

« Me frappes-tu, dis, pour que je te craigne ?
Mais, je te crains et je t'aime, mon Dieu :
Je t'obéis, et j'appelle ton règne ;
Je vais chantant ta grandeur en tout lieu.

« Je reconnais ta suprême puissance,
Ta royauté sur les faibles humains.
Je hais l'impie ; avecque l'innocence,
Droit, ingénu, je me lave les mains.

« Pour te prier, je devance l'aurore ;
J'aime à garder le jour de ton repos,
Et sous ton joug, ô Maître que j'adore !
Ainsi qu'un arc se sont courbés mes os.

« Quand j'habitais dans de hautes murailles,
Que j'étais riche et seigneur de l'endroit,
Jamais, mon Dieu, je ne fus sans entrailles
Pour qui souffrait de la faim ou du froid.

« Au pèlerin qui va de terre en terre,
Qui cherche un lieu favorable au sommeil,
Ma porte fut toujours hospitalière ;
Je puis en prendre à témoin ton soleil.

« Le cri plaintif de l'insecte me touche ;
Si je rencontre un insecte blessé,
Je le réchauffe au souffle de ma bouche,
Je le renvoie après l'avoir pansé.

« Sois bon autant que l'est ta créature.
Suis-je, à tes yeux, moindre que cet oiseau
A qui ta main donne la nourriture,
Et qui, repu, chante sur le coteau?

« Je crie à toi du fond de ma misère :
Agenouillé sur le bord des chemins,
De mes doigts secs égrenant le rosaire,
Vers toi j'élève et les yeux et les mains.

« Le désespoir m'assiége, m'environne,
A moi les maux viennent par bataillons.
De mes beaux jours flétrie est la couronne,
Me voilà nu, traînant de vils haillons.

« Du doux sommeil je vois arriver l'heure...
Pas un abri, néanmoins, pas un toit :
Le pavillon du ciel, c'est ma demeure;
C'est beau, c'est beau, j'en conviens, mais j'ai froid.

« J'ai vu pâlir ma splendide fortune.
Couvert de lèpre, à tous je fais horreur,
Il n'est que l'œil de la rêveuse lune,
Qui daigne encor sourire à ma douleur.

« Ils sont venus... Ils ont donné carrière
A leurs discours, à leurs beaux sentiments :
Mais ils n'ont pas su sécher ma paupière,
Mais ils n'ont pas su calmer mes tourments.

« Ah ! si du moins j'avais une famille,
Comme ceux-là, qui vivent réunis,
Gais citoyens de la verte charmille,
Aimés, aimant, dans leurs paisibles nids.

« Tu m'as ravi ma si douce nichée.
Nous étions six, et cinq sont étendus,
Là, dans ce champ... La moisson est fauchée...
Ceux que j'aimais me seront-ils rendus ?

« Leurs petits doigts sont glacés, et la brise,
Dans ce désert, à l'heure du couchant,
Seule caresse, hélas ! ma barbe grise...
D'un œil d'envie, ah ! j'ai vu le méchant.

« Tandis qu'ainsi, Père, tu m'abandonnes,
Tes ennemis, dans le sein des bosquets,
Le thyrse en main, le front ceint de couronnes,
Se font passer la coupe des banquets.

« J'ai vu l'impie, oh ! sa joie est entière :
Sa bouche rit, son front est radieux ;
Dans la nuée il a sa tête altière,
Et le dédain habite dans ses yeux.

« Il mange, il boit, il chante, il rit, il danse :
Il ne sait pas ce que c'est que remords ;
Chez lui succès, honneurs, luxe, abondance,
Air parfumé, voluptueux accords.

« A l'avenir gaîment il se confie.
Si devant toi je fléchis le genou,
Il raille, au nom de la philosophie ;
Il me dit : Job !.. et me traite de fou. »

II.

Las, épuisé, Job se tait, il fait trêve
A ce discours amer, il s'interrompt...
Faisant effort, tout à coup il se lève,
Les yeux mouillés, et la sueur au front.

Puis, à la tombe il frappe avec rudesse,
De son bâton inflexible et noueux,
Disant : « O mort ! ô bienfaisante hôtesse !
Daigne écouter le cri du malheureux.

« Il faut mourir quand l'espérance est morte.
Non, mon printemps ne reverdira plus.
Oh ! par pitié, veuille m'ouvrir ta porte,
Je suis le fils de Job, l'homme de Hus.

« Viens me chercher : va, je te trouve belle.
J'ai soif d'oubli, je veux me reposer.
Je t'aime, ô mort ! couvre-moi de ton aile ;
Etends tes bras, donne-moi le baiser.

« Assez j'ai vu, viens clore ma paupière,
Oui, j'ai sommeil, et je veux m'endormir.
Hâte le pas, soulève cette pierre.
La vie est dure, et se passe à gémir. »

Quand il a dit, il s'étend, il se couche
Sur le seuil froid de cette pâle mort
Que rien n'émeut, n'attendrit ni ne touche,
Et l'on dirait un voyageur qui dort.

Contre le marbre il applique l'oreille,
Se recueillant, comme pour écouter...
Or n'allez pas vous écrier merveille !
Si quelque voix du fond allait monter.

L'insensé dit que la tombe est muette :
Mensonge impie et sacrilége erreur ;
Echo du ciel, la tombe me répète
Tes jugements, tes oracles, Seigneur.

Du sein pieux de ce profond abîme
Sans fin s'élève une éloquente voix,
Douce tantôt, tantôt grave et sublime,
Comme un remords terrible quelquefois.

Job entendit ces divines paroles :
« Ne languis pas, ne pleure pas, je viens,
Homme insensé, vieillard aux plaintes folles ;
J'ai tout écrit, de tout je me souviens.

« Voici le jour, ingrate créature,
Où, débiteur fidèle, je prétends
Payer enfin ma dette avec usure ;
Finis ta tâche, attends en paix, attends.

« Une heure encor de travail et de peine ;
Nul prix ici ne saurait te payer :
Le sceptre est lourd, et la couronne gêne,
Et du plaisir l'homme peut s'ennuyer.

« As-tu passé soixante ans sur la terre,
Sans rien comprendre au mal, à la douleur ?
Pour toi, souffrir, est-ce un si grand mystère !..
A qui souffrit ne sied plus le bonheur.

« Nul ne devrait murmurer à ton âge :
Le laboureur, quand va finir le jour,
Bien qu'affaibli, redouble de courage,
Car il pressent les douceurs du retour.

« Job, ne va pas toucher à ma balance,
Et ne dis plus : Je n'ai jamais péché.
Espère, prie, adore, fais silence,
Sur l'Homme-Dieu le regard attaché.

« De l'homme inique effrayantes les joies.
Le basilic est caché sous les fleurs.
Apprends enfin à connaître mes voies.
Heureux celui que j'abreuve de pleurs.

« Laisse au mondain les voluptés, les fêtes...
Ecoute bien, mon fils... N'entends-tu pas,
Là-bas, au loin, le souffle des tempêtes,
Et comme un bruit tumultueux de pas ?

« C'est moi qui viens, précédé de la foudre,
Pour renverser la table du festin ;
Qui viens frapper, abattre, mettre en poudre.
Ceux qui riaient et chantaient le matin. »

Le malheureux aussitôt sut comprendre.
Il se relève, il se met à genoux ;
Il dit : « Jésus, ô Père bon et tendre !
J'ai blasphémé, j'ai péché contre vous.

« Je souffrais tant ! pardonnez l'ironie,
Et l'amertume et l'orgueil de mon cœur.
Votre bonté, Seigneur, est infinie.
Pour moi, je suis un coupable, un pécheu

« J'ai fait le bien !.. eh quoi, j'ai pu le dire
Mais dans mon être, hélas ! tout est péché :
C'est à bon droit qu'ici-bas je soupire,
Que l'aquilon, en passant, m'a touché.

« O chère croix ! je lui fus infidèle ;
Mais je reviens à mon premier amour.
Je le confesse, on est bien auprès d'elle,
Je me soumets, mon Dieu, frappe toujour. »

L'airain pieux ici se fit entendre,
Et dans les airs mollement il frémit.
Job, repentant, couvrit son front de cendre
Et plein de paix ensuite il s'endormit...

Le lendemain, de retour la lumière,
Le fossoyeur vint au champ du repos ;
Il trouva Job mort sur la froide pierre,
Bâton en main, et la besace au dos.

Le fossoyeur trouva dans la besace
Quelques débris d'un pain noir et cassant,
Un peu de vin dedans la calebasse,
Dans des haillons une pièce d'argent.

Et le vieillard, sur qui pleure l'aurore,
Et qu'un Dieu bon a daigné châtier,
Bien plus d'un jour aurait pu vivre encore,
Puisqu'il laissa sur terre un héritier.

Joseph Carsignol

A LA MÉMOIRE DE BOUCLIER.

SONNET (1).

Le poète n'est plus ! mais la mort est en fête !
Elle a brisé le luth qui résonnait encor

---

(1) ... « Puisse ce faible hommage rendu à ses talents me con-
« quérir les sympathies de ceux qui, plus heureux que moi, ont pu
« connaître feu Bouclier et l'apprécier à sa juste valeur et comme
« homme et comme poète. »
Notre sympathie, cher collaborateur, vous est depuis longtemps
acquise ; mais les accents que vous venez de faire entendre sont de
nature à la rendre plus vive encore.   (*Note de la rédaction*).

Entre les doigts d'un frère, un bien aimé poète,
Et des chants qu'il rêvait nous a pris le trésor.

Car sa tâche, ici-bas, n'était qu'à moitié faite :
Les Rayons du Matin n'éclairaient que l'essor.
Jeune, il devait cueillir une moisson complète ;
Le moissonneur hâtif, ce fut... ce fut la mort !

Il allait célébrant les splendeurs de ce monde,
Et, tel un cœur tout neuf sur l'avenir se fonde,
Il chantait plein de joie ainsi qu'au premier jour.

Quand Dieu le rappela, comme il fait du plus digne,
Il préludait, hélas ! au dernier chant du cygne,
Recueilli par *la Muse* : encore un chant d'amour.

Emile Delteil.

A MONSIEUR ALEXANDRE COSNARD.

Après la lecture de son volume de poésies intitulé : *Tumulus*.

SONNET.

Oh ! que ce *Tumulus*, refuge de votre âme,
Renferme de trésors, de parfums et de fleurs !
Pour tous les cœurs blessés il contient un dictame.
Il renouvelle et calme à la fois les douleurs.

A vos chants on s'émeut, on s'attriste, on s'enflamme,
Et l'on voudrait avoir sa part dans vos malheurs ;

Puis on voit qu'avec vous on a monté la gamme
Qui marque les degrés du sourire et des pleurs.

Le poète, ici-bas pauvre oiseau de passage,
Doit faire de la vie un rude apprentissage,
Mais après le combat que le triomphe est beau !

Laissez-moi déposer une simple immortelle
Sur ce beau *Tumulus,* poétique chapelle,
Où des pures amours resplendit le flambeau.

Sid. Barraguey.

PARAPHRASE DE L'ORAISON DOMINICALE.

(pater noster).

Seigneur ! Être infini ! toi dont l'immensité
Remplissait le chaos de toute éternité ;
Dont le souffle puissant anima la matière ;
Toi qu'adore à genoux l'Archange glorieux,
  Entends notre prière,
O toi ! que nous nommons notre Père des Cieux !

En toi seul tout finit, en toi seul tout commence ;
Bonté, justice, amour, composent ton essence ;
Les astres, dans leur cours, étalent ta splendeur ;
Et la terre, à tes pieds prosternée et craintive,
  Dit à son Créateur :
Que ton nom soit béni ! Dieu ! que ton règne arrive !

De même que, d'un mot, tu créas l'univers,
Tu n'aurais qu'à parler, et les globes divers
Dispersés, confondus, rouleraient dans l'espace.
Seigneur ! que, pour régir ton domaine éternel,
   Ta volonté se fasse
En tout temps, sur la Terre ainsi que dans le Ciel.

Par d'immuables lois tu gouvernes le monde ;
Arbitre du destin, ta sagesse profonde,
A l'homme, au vermisseau, prodigue ses bienfaits ;
Et grâce à toi, mon Dieu ! la moisson, chaque année,
   Mûrit dans les guérets.....
Donne-nous aujourd'hui le pain de la journée !

Aux préceptes divins que les mortels soumis,
Renonçant désormais à vivre en ennemis,
Banissent de leurs cœurs tout désir de vengeances ;
Ta clémence, ô Seigneur ! jamais ne se lassa....
   Pardonne nos offenses,
Comme nous pardonnons à qui nous offensa.

A de nombreux périls tous nos jours sont en butte ;
Contre nos passions la vie est une lutte ;
Sous leur joug trop flatteur garde-nous de tomber !
Si ton puissant secours ne nous sauve du piége,
   Nous pourrons succomber
A la tentation, qui toujours nous assiége.

C'est au feu du creuset que l'or doit s'épurer ;
Et c'est l'épreuve aussi qui doit nous préparer

A la nouvelle vie, à ce destin sublime ;
Mais trop souvent, hélas ! un vertige fatal
    Nous pousse vers l'abîme.....
Mon Dieu ! soutiens nos pas, *délivre-nous du mal !*

Charles DEVERT.

LA ROSE.

  La rose qu'on voit le matin
      Épanouie,
     Le soir flétrie,
Nous rappelle notre destin.
  Mais quand la fleur du printemps tombe,
Nous respirons encor ses parfums répandus
O chrétien, quand la mort t'emporte dans la tombe,
Tu laisses après toi l'odeur de tes vertus.

Joseph BEUF.

AU ROSSIGNOL.

Chantre ailé de ma solitude,
Charmant oiseau qui, chaque soir,
Loin du bruit, de l'inquiétude,
Comme un tendre ami viens me voir,

Chante, barde de ma vallée,
Ton chant divin plaît à mon cœur ;
Même quand l'âme est désolée,
Ta voix fait rêver au bonheur !

Comme toi, je suis solitaire,
Je cherche l'ombrage des bois,
Et quoique jeune sur la terre,
Des pleurs amers couvrent ma voix.

Que tes accents disent de choses,
A l'heure où tout dort sous les cieux,
Et que le doux parfum des roses
Embaume l'air délicieux !

Tu prolonges ma rêverie,
Les nuits, où je suis sans sommeil,
Et tes accords sont l'ambroisie
Dont je m'enivre à mon réveil.

Dans ces moments de pure ivresse,
Où je puis veiller avec toi,
Tes chants, qu'inspire l'allégresse,
Sont-ils tous pour l'amour, dis-moi ?

Oiseau, n'as-tu point de patrie,
Où les soirs ressemblent au jour ;
N'as-tu point de Mère qui prie
Un Dieu propice à ton retour ?

Heureux oiseau, jamais l'automne
Qui brunit mon front de vingt ans,
N'ose flétrir, sur ta couronne,
Les vertes feuilles du printemps ;

Quand le sombre hiver nous arrive,
(Pour le pauvre, hélas ! que de maux) !
Fuyant sans regret notre rive,
Tu vas charmer d'autres échos.

Et quand l'effroyable tempête,
Qui brise l'aigle et le granit,
Fracasse les pins sur ta tête,
Un Dieu sauve ton frêle nid.

Non, jamais la haine à l'œil sombre
Ne trouble vos accords touchants,
Petits oiseaux, vos nids, dans l'ombre,
Sont cachés aux regards méchants.

Et puis, le chasseur se rappelle
Que le Seigneur veut vous bénir,
Et que de nuire à Philomèle,
Empêche au printemps de fleurir.

Les doux zéphyrs, de leur haleine,
Ami, te bercent mollement,
Et tous les sylphes de la plaine
Avec toi parlent tendrement.

Toujours, aimable Philomèle,
La paix vient s'unir à tes sons,
Et ta compagne, sous ton aile,
S'endort au bruit de tes chansons.

Ah ! demeure, avec ta couvée,
Dans ma chambrette de garçon,
Je préparerai ta becquée,
Et tu rediras ta chanson.

Oui, redis, pour celui qui pleure,
Pour le prisonnier, dans ses fers,
Et pour le pauvre, sans demeure,
Un de tes célestes concerts.

Car ta voix est une prière,
Dont les accents mélodieux,
Après avoir charmé la terre,
Comme un encens montent aux cieux !

. . . .

Mais que dis-je ? — Aussi je voyage,
Et n'ai que l'automne, ici-bas ;
Oiseau, trouverai-je un rivage
Où le printemps ne finit pas ?...

Chante, barde de la vallée,
Ton chant divin plaît à mon cœur,
Chante, mon âme est désolée,
Et je veux rêver au bonheur.

Léon Gontier.

PHILOSOPHIE (1).

L'homme, ce voyageur que l'inconnu tourmente,
Ne sait jamais à temps fixer enfin sa tente ;
Ses besoins sont bornés, mais non pas ses désirs.
Matelot, il voudrait commander au navire,
Amiral, à la mer ; il espère, il expire
      Sans goûter les plaisirs.

(1) Bourg a aussi son Jasmin. Elève de l'école mutuelle, et récemment libéré du service militaire, le Jasmin de la Bresse, autrement dit M. Mollard, emploie toute la journée à soigner la *pratique*, et médite le soir, à la lueur de sa lampe, quand d'autres dissipent leur vie dans les plaisirs. La pièce qu'on va lire a été écrite *currente calamo* par le poète-coiffeur, à qui on avait donné pour sujet la gravure ci-dessus.

Qu'un autre aille au destin demander un royaume ;
Je me contenterais d'un simple toit de chaume,
Dominant la cité, fleuve impur et troublé,
D'une vigne donnant des fruits en abondance,
Et puis, pour m'assurer la douce indépendance,
  D'un petit champ de blé.

J'aime l'air pur des champs et j'aime le sans-gêne.
Je n'imiterais pas ce fou de Diogène,
Qui pour son logement ne voulait qu'un tonneau.
Un tonneau c'est bien peu pour abriter deux têtes ;
Pour faire un nid bien doux s'unissent les fauvettes
  Qui chantent sous l'ormeau.

Après la fin du jour, sur le seuil de ma porte,
J'écouterais les bruits que la brise m'apporte,
Bruits sonores et vains de la foule en émoi.
Un pain noir, mais qui n'ait pas l'odeur du servage,
Un sourire charmant, le repos sous l'ombrage,
  Je veux tout cela, moi !

Bras et jambes croisés, quand le soleil se couche,
Une pipe bien noire et bien courte à la bouche,
(Ce qui vaut le Havane et le Panetelas)
Il est bon de se dire : ainsi tout est fumée,
Doux projets, rêve d'or, honneur et renommée,
  Tout est fumée, hélas !

Antoine MOLLARD

LES DEUX PANIERS

FABLE

Traînant un jour mes pas sur les quais de Paris,
J'aperçois sur les eaux grisâtres de la Seine,
    Deux vieux paniers presque pourris ;
Acteurs très-éloquents d'une éloquente scène,
Ces pèlerins disaient leur mécontentement
Par-ci, par-là, plaintifs, grinçants, plein de rancune,
Comme deux vétérans renvoyés sans pécune,
    Et devisaient évidemment.
Vieux, on aime à conter ses ennuis, ses misères,
    Les douleurs en sont plus légères.

— Hélas ! dit l'un de ces paniers,
J'ai servi quatorze ans deux valets jardiniers,
    Et, Dieu merci, j'avais une anse
Solide, et qui sauta, ressauta, comme on pense,
Puis voici mon salaire, oh ! destin douloureux.

— Et moi, panier d'un monastère !
Ces gens qui chaque jour nous prêchent de bien faire !
Ils m'ont ainsi payé, ces moines généreux !

— Mon ami, répond l'autre, écoute ! du silence,
Dans ce monde, ici-bas, nulle reconnaissance ;
Qu'on soit homme ou panier, on n'est pas plus heureux.

                                 MONMOREAU fils.

SCÈNE DE L'INVASION.

Les Cent-Jours expiraient ; l'Europe, à toute outrance,
Mer inondant une ile, envahissait la France :
Et Paris n'avait plus, pour défendre ses murs,
Que soldats mutilés et généraux peu sûrs ;
Tout à coup, un écho s'y répand d'âme en âme :
Les Prussiens ont franchi la Champagne ! — Une femme
Quitte son toit, pendant que son mari prend part,
Combattant volontaire, aux travaux d'un rempart...
Sous l'élan de son cœur qui pousse son corps frêle,
Elle a bientôt laissé la ville derrière elle,
Courant au nord, par où fondent les ennemis....
Car il est là, son fils, pâle enfant, qu'elle a mis
Chez un oncle, fermier aux environs de Viarmes....
Elle arrive.... un tableau confirme ses alarmes:
La ferme a disparu : des cendres, voilà tout !
Un obus a passé, ne laissant rien debout.
— Son enfant ? — on l'avait couché dans une cave !...
Elle y descend ; l'y voit, le pauvre être au front hâve,
L'étreint, et, sans se perdre en vains cris, l'emportant,
Rebrousse le chemin vers Paris.... si distant !
Pleins de gens effrayés, des chars fendaient l'espace :
Elle montre, elle tend son cher fardeau... l'on passe...
— Tant de gens qui passaient et pas un qui la prît ! —
Elle allait succomber ; son enfant lui sourit.
Ce rayon rend l'essor à la mère qui pleure :
Par un effort suprême, elle atteint sa demeure....

Mais elle a, vite aussi, marché l'invasion...
Paris fier de ce dôme, où, par profusion,

Pendaient les étendards pris en tant de batailles,
En revoit de pareils assiégeant ses murailles !...
Le canon retentit du côté de Clamar.
De nouveau frémissant, cette femme repart.
S'il est sauvé, son fils, il lui manque sa fille !
A Versaille, où l'on dit que le Cosaque pille,
Un couvent abritait ce lis pur... — Il est nuit ;
Le combat dure encor ! — Ces ténèbres, ce bruit,
Qu'importe ? Elle croit voir, pour guider son courage,
La lueur d'un couvent qu'on brûle, qu'on outrage !..
Les chemins sont jonchés d'objets inaperçus :
Ce sont des soldats morts ; elle passe dessus.....
A l'angle des bois s'offre un Russe en sentinelle :
— Qui vive ? lui-dit-il. — Mère ! lui répond-elle.
Pensait-il à la sienne ? il la laisse avancer....
Plus loin, à leur bivac (autre obstacle à forcer),
Chantaient des officiers qu'enivrait l'eau-de-vie ;
La sainte femme errante est par eux poursuivie :
Ils vont.... mais coupant court à leur témérité :
« Je suis mère, Messieurs ! si toute humanité
« N'est pas éteinte en vous, si chez vous l'honneur brille,
« Ah ! ne m'arrêtez pas : je vais chercher ma fille ! »
Le silence se fait ; on s'incline..... elle fuit....
Parvenue au couvent, elle s'évanouit.
Sauf et pur est l'asile ; au ciel gloire et louange !
Elle peut ramener près de son fils un ange !.

Or, ce fils était moi, cet ange était ma sœur.
Mère, permets-moi donc l'ineffable douceur
De le dire, ici-bas, ce trait qui te peint toute,
Et que, là-haut, ton âme entend chanter sans doute.

Prosper Delamare.

LE FAT.

Chaque pays fournit ses vaniteux.
Qu'est-ce qu'un fat ? Parbleu ! dirait à l'improviste,
    Maint habile naturaliste :
« C'est un oiseau coquet, fier, d'un genre douteux,
    Tenant du paon pour le plumage,
    Et du serin pour le ramage. »
Or, le monocle à l'œil, et le stick à la main,
    Se croyant le roi du chemin,
    Hier un de ces volatiles,
Un de ces désœuvrés, de ces gens inutiles,
    Qui vous toisent avec dédain,
    Rencontre, cigare à cigare,
Un dandy rutilant, — l'espèce en est peu rare. —
    Bravo ! très-cher, lui nasille soudain,
D'un ton bémolisé, le nouvel excentrique.
Quel cachet de bon goût ! vous êtes mirifique !
    Et pour le port et le bon ton,
    Je le demande, où trouve-t-on
    Un plus provoquant point de mire ?
Heureux coquin ! convenons, entre nous,
Que toute la fashion n'a des yeux que pour vous.
Un fat trouve toujours un plus fat qui l'admire.

                              BERLOT-CHAPPUIT.

LES TROIS SOEURS.

Sur un petit berceau que veillait une mère,
Trois anges à genoux souriant se penchaient ;

A l'enfant assoupi, qu'ils appelaient leur frère,
En langage des cieux, leurs douces voix disaient :
La vie est un long jour, bien belle en est l'aurore ;
Puis le ciel s'obscurcit, lourd devient le fardeau,
Chaque heure brise un rêve et le jour luit encore
Que, las, courbé, déçu, l'on se couche au tombeau.

Mais nous, filles du ciel, pour qui l'homme est un frère,
Nous éclairons sa route et partageons son faix,
Nous l'aidons à marcher vers le but qu'il espère,
Nous versons dans son cœur le bonheur et la paix.

— Mon regard c'est l'étoile, à travers la tempête,
Signalant les écueils, les courants et le port
Le faible sur mon cœur peut reposer sa tête,
J'aplanis le chemin devant les pas du fort ;
Je donne paix et joie à qui va sur ma trace,
Le mépris du danger à qui combat pour moi :
Je reste jeune et forte, en ce monde où tout passe ;
Mon nom fait fuir le doute : on me nomme la Foi.

— Mais le pied se déchire aux pierres de la route,
A découvrir le but l'œil se fatigue en vain ;
Triste, le front se penche, et l'âme s'ouvre au doute,
Et las, avant midi, l'on s'assied incertain.
J'ai le baume qui calme et la voix qui console,
Le vin qui fortifie et les rêves heureux :
Le brumeux avenir s'éclaire à ma parole,
Viens, je suis l'Espérance, appui du malheureux.

— Sois un ange de paix au milieu des colères ;
Va, porte à l'indigent et l'espoir et du pain,

Sois l'ami des douleurs et des larmes amères;
Ouvre au pauvre et ton cœur et ta porte et ta main ;
Plus pure, jusqu'à Dieu montera ta prière ;
Ce qu'on sème ici-bas au ciel est récolté ;
Donner, aimer, du Christ c'est la loi tout entière ;
Qui sait aimer, sait tout : je suis la Charité.

Oui, nous filles du ciel, pour qui l'homme est un frère,
Nous éclairons sa route et partageons son faix ;
Nous l'aidons à marcher vers le but qu'il espère ;
Nous versons dans son cœur le bonheur et la paix.

REYMOND.

LA CHANSON DES BLÉS.

SUR LES CHEMINS !

A M. Émile Becquet de Buissy.

MAI.

Blés du chemin, — en voyant la verdure
Que vos sillons s'exerçaient à porter !...
Je saluais — ce favorable augure,
Quand les oiseaux commençaient à chanter !...
Je me disais : — Ce tapis qui se fonce,
Si beau déjà, — sera plus beau demain !
C'est le signal de l'été qui s'annonce...
Salut ! salut ! — aux beaux blés du chemin !...

JUIN.

Blés du chemin, — votre gaze onduleuse
Se souleva flottante sur le sol !
Et j'admirais votre robe soyeuse,
Que les oiseaux caressaient dans leur vol !...
Je me disais : — Oh ! les beaux jours s'avancent !
Les deux saisons — vont se donner la main !...
A se dorer déjà les fruits commencent...
Croissez ! croissez ! — chers beaux blés du chemin !...

JUILLET.

Blés du chemin, — les herbes jaunissantes
Trop promptement grandissaient chaque jour !
Et j'avais peur — de ces gerbes croissantes,
Que mille oiseaux becquetaient tour à tour !...
Je me disais : — Quand la moisson nouvelle
D'un coup de faulx — les couchera soudain !...
Les plus beaux jours finiront avec elle...
Attends ! attends ! — chers beaux blés du chemin !...

AOUT.

Blés du chemin, — déjà la faulx s'apprête !
Votre heure arrive au soleil de juillet !...
J'ai vu, là-bas ! venir une charrette...
Plus d'un oiseau — de son nid s'enfuyait !...
Et je me dis : — C'est l'été qui se passe !
Hâtons-nous donc — de jouir de sa fin !...
D'un jour de plus l'hiver ne fait pas grâce...
Hélas ! adieu, — chers beaux blés du chemin !...

Vicomte DE CHARNY.
(K. de R.)

POUR UNE AUTRE MADELEINE.

Sur un gibet sanglant entouré de bourreaux,
Le doux fils de Marie avant de rendre l'âme,
Baissa les yeux et vit à ses pieds une femme
Flétrie, abandonnée, étouffant ses sanglots ;
Madeleine entendit ces paroles divines :
— Les hommes sont méchants ; apaise tes terreurs ;
Pour celle qui porta la couronne de fleurs
Un grand juste a porté la couronne d'épines.

Louis Gras.

CONTE ESPAGNOL.

Un capucin quêtait ; le maître d'une auberge
Dit : Je ne puis, hélas ! rien vous donner ;
    Mais de bon cœur je vous héberge,
    Père, voulez-vous déjeuner ?
Deux poissons dans un plat sont servis sur la table ;
Un commis voyageur, gras convive, invité
Par le bon capucin, pauvre mais charitable,
Dit : « Mon père, ici-bas tout n'est que vanité ;
    Oh combien tout est variable ! »
Avec un air malin mettant de son côté
    Le gros poisson placé devant le père,
Qui, retournant le plat doucement répondit :
« Sans jamais rien changer soyons soumis, mon frère,
Tout est bien ici-bas, Dieu fit bien ce qu'il fit. »

Sophie Ballyat.

PLAINTES D'UNE JEUNE FILLE (1).

Pour la jeunesse même, un suprême devoir
Est d'obéir en tout aux règles de la mode,
Et l'on doit sans murmure accepter le pouvoir
    De ce maître incommode.

Sous le prétexte vain de plaire à tous les yeux,
A nos reins on attèle une énorme apostille
De cercles en acier, appareil ennuyeux,
    Pour une jeune fille.

Si nous voulons parfois faire des jeux follets,
Le fréquent battement de l'affreux appendice
Flagelle, à chaque pas, nos sensibles molets
    Et nous met au supplice.

Nos pimpantes mamans ont un jupon traînant,
Qui trouve sur le sol un arrêt nécessaire
Et dont l'ample support n'est plus aussi gênant
    Puisqu'il s'appuie à terre.

Nos complaisants papas, en leur donnant le bras,
De ce choc obligé connaissent quelque chose :
Il devraient bien alors être nos avocats
    Et plaider notre cause.

(1) Ces plaintes ne sont point une fiction : l'idée principale a été effectivement inspirée à l'auteur par une bien jeune demoiselle, qui l'a fait prier de composer quelques vers sur ce sujet.

Pourquoi nous chagriner par un triste refus ?
Hélas ! nous avons beau crier : miséricorde !
La mode n'entend rien et ne nous permet plus
    De sauter à la corde.

Si nous voulons sauter, malgré notre jupon,
Notre corde s'accroche et *s'embarlificote*
Au milieu des cerceaux du monstrueux ballon
    Qui gonfle notre cote.

Dansons-nous, au grand air, un peu trop vivement ?
Le zéphyr, engouffré par dessous notre jupe,
Semble se divertir de notre affublement
    Et nous prendre pour dupe.

Le costume bien simple autrefois permettait
D'escalader la branche où pendait la cerise ;
Maintenant il oppose un obstacle complet
    A notre convoitise.

Il ne faut plus songer, avec tous les volants
Qui chargent, malgré nous, le bas de notre échine,
A cueillir sans danger un des fruits excellents
    De la bonté divine.

Notre crâne à la mode, entièrement à nu,
Bravant encore hier la chaleur ou la brume
Dans un chapeau sans bords n'était pas contenu
    Et s emoquait du rhume.

Aujourd'hui, nous portons un chapeau Paméla,
Qui de nos fronts a fait tellement la conquête
Que nous ne pouvons plus regarder au delà,
    Sans relever la tête.

Essayons de trouver un seul petit côté
Qui mette un contre-poids dans la juste balance,
Où nous avons pesé l'énorme absurdité.
    Des lois de l'élégance.

Si le sort, quelque jour, nous fait tomber à l'eau,
Nous pourrons être au moins par nos ballons servies,
Et nos jupes, faisant l'office de bateau,
    Préserveront nos vies.

Savez-vous maintenant quel serait mon désir ?
Qu'on nous habille un peu, mais pas trop à la mode,
Et qu'on nous laisse avoir le facile plaisir
    D'un costume commode.

Paul St-Olive.

MARINE.

    D'abord une baie,
    Où plane l'orfraie,
Où plane le sombre courlis ;
    La plage cendrée
    Que bat la marée
De ses lames, de ses roulis.

Puis la voilerie,
Une pêcherie
Où, parmi l'algue et les galets,
Sur les sombres landes,
Comme les guirlandes
Flottent les réseaux de filets.

Puis une corvette
Dont l'onde reflète
Et les voiles et le beaupré,
Et prélasse en reine
Sa riche carène,
Sa carène au cuivre doré.

Puis une pirogue
Qui s'incline, vogue
Et longe, avec son nautonnier,
La côte, la grève,
L'herbe, d'où s'élève
Une hutte de pontonnier.

Une caravelle
S'efface, chancelle
Parmi les nuages blafards,
Et fuit comme une ombre
Dans l'horizon sombre,
Dans un horizon de brouillards.

Et sur cette dune
Qu'argente la lune,

Une chevrière des bourgs
    Qui prie et se penche
    Vers la voile blanche,
Vers cette ombre qui fuit toujours.

Francis Tourte.

LES FÉES.

Du sommet des Alpes glacées
S'élève un brouillard incertain ;
Dans les hautes herbes bercées
Goûtons la fraîcheur du matin.
Dansons pendant que brille encore
La jeune étoile aux yeux si doux,
Avant que les feux de l'aurore
Ne nous fassent rentrer chez nous.

  Dans nos rondes légères,
  Nous chassons, nous croisons ;
    Au bois nous dansons ;
    Quand la lune luit,
    Nous courons sans bruit ;
    Et naïves bergères,
    D'un regard incertain,
    Viennent au matin
    Voir, là, dans les prés
    Nos cercles sacrés.

— Dis-moi, ma sœur, dans la vallée,
Qu'as-tu fait hier tout le jour ?

— Une étoupe que j'ai mêlée,
Mais embrouillée avec amour,
Un brin de fil et son aiguille
Cassés, perdus, brisés cent fois,
Les chagrins d'une jeune fille
M'ont charmée ainsi que tu vois.

Ah! ah! ah! ah! Dans nos rondes légères
Toute la nuit nous chassons, nous croisons
Et, le matin, nous voyons les bergères
Suivre, en tremblant, nos pas sur les gazons.

— Moi, j'ai perdu dans la bruyère
Un voyageur pressé, pressé!
Il a couru la nuit entière,
Il était au jour harassé.
— Moi, j'ai vu près de la fontaine
Un berger regardant au fond,
Je savais qu'il nageait à peine,
Je l'ai fait choir au plus profond.

— Moi, j'ai pris la bourse d'un homme
Qui passait fier comme un baron,
Et j'ai fait retrouver la somme
Par le plus pauvre du canton.
— Moi, j'ai fait mieux, ne vous déplaise,
Nicaise, un jour, de nous parla,
Moi j'ai fait marier Nicaise.
— Ah! le bon tour que celui-là!!

Aimé VINGTRINIER.

LE PROPHÈTE ÉLIE.

ORATORIO.

Dans la cabane de Séphora, pauvre veuve à Sarepta, dans la tribu d'Azer, en Judée.

> La femme répondit à Elie : Je reconnais maintenant, après cette action, que vous êtes un homme de Dieu, et que la parole du Seigneur est véritable dans votre bouche.
>
> IIIe Livre des Rois, chap. XVII, v. 24.

SÉPHORA.

Grand Dieu ! mon fils est mort ! oui ! son cœur ne bat plus !
Je devais avant lui pourtant quitter la terre !...
Mais mes pleurs et mes vœux ont été superflus,
La volonté de Dieu me laisse solitaire !...
Mon enfant ! mon enfant ! quoi ! tu ne m'entends plus !

Quand la dernière aurore
A lui sur mon époux,
Sous le froid sycomore
Je l'ai mis, à genoux!...
Et dans ma peine amère
J'ai dit à Dieu puissant :
Faites vivre la mère
Qui fait vivre l'enfant !

Mais puis-je vivre encore,
Répondez, Dieu puissant,
Si la dernière aurore
A lui sur mon enfant !

Seigneur, je prendrai le cilice.
Seigneur, je veux en sacrifice
T'offrir une blanche génisse....
Rends-moi mon fils et mon bonheur !
Pour lui, s'il faut que je succombe,
A toi je m'offre en hécatombe.
Reprends mon enfant à la tombe,
Qu'il vive et frappe-moi, Seigneur !
Pour lui je veux mourir, Seigneur !...

Élie entrant dans la cabane.

Femme, au Dieu d'Israel quelle est donc ta prière ?....
Pourquoi demandes-tu la mort à sa bonté ?...
Le temps nous verra tous rentrés dans la poussière,
Dieu seul nous survivra dans son éternité !...
Sachons sans murmurer attendre sur la terre
    Les décrets de sa volonté.

SÉPHORA.

Vois mon fils étendu sur l'herbe parfumée...
C'est là qu'il a cessé cette nuit de souffrir....
L'âme a fui de son corps, et sa bouche fermée
Pour chanter le Seigneur ne doit plus se rouvrir!...

ÉLIE.

Quand l'Éternel frappe notre âme,
Inclinons-nous, ô pauvre femme !
Et soyons forts dans nos douleurs !
Couvrons de nard, baignons de myrrhe
Cet enfant pur dont le sourire
N'eut qu'un matin comme les fleurs !....

SÉPHORA.

Homme de Dieu, vois ma faiblesse,
Mon fils est mort, et moi, sans cesse,
Quand je contemple sa pâleur,
En moi j'entends sa voix me dire :
« Pour toi je veux encor sourire,
Dieu prend pitié de ta douleur !... »

ÉLIE.

Il n'est plus, pauvre mère,
Ah ! rendons à la terre
La dépouille légère
De l'espoir de tes jours !...

SÉPHORA.

Ah ! laissez pour une heure,
Dans ma pauvre demeure,

Cet ami que je pleure
Et qui part pour toujours !

ÉLIE.

Ma sœur, bientôt la nuit va couvrir la campagne,
Avant la fin du jour, gravissons la montagne
Pour y coucher ton fils à l'ombre des cyprès !

SÉPHORA.

Ah ! tu n'as pas pitié de mes ardents regrets !
  Et bien ! j'ose lever la tête...
Et sur mes deux genoux en tombant devant toi,
Du fond de ma douleur je t'adjure, ô prophète,
  Ecoute-moi !

 Homme de Dieu, n'es-tu pas dans ce monde
 Un bras puissant du souverain des cieux?..
 Quand du lépreux tu vis la plaie immonde,
 N'as-tu pas dit : Qu'il soit pur, je le veux !...
 N'as-tu pas dit : Vois le ciel qui rayonne,
 Au pauvre aveugle à tes pieds prosterné ?
 Et n'as-tu pas, fécondant mon aumône,
 Multiplié ce que je t'ai donné ?...
 Eh bien je veux qu'ici ta voix suprême
 A l'enfant mort dise : « Relève-toi ! »
 En lui, mon Dieu, parlez, parlez vous-même,
 J'attends le prix de mon ardente foi !

ÉLIE.

Que me demandez-vous ?...

SÉPHORA.

    Mon fils, ô saint oracle !

ÉLIE.

Des jours éteints par Dieu, moi, les reprendre à Dieu !

SÉPHORA.

Par pitié pour mes pleurs accomplis ce miracle !
Elève vers le ciel ta parole de feu !

O Dieu que j'adore !
D'en bas je t'implore,
En lui verse encore
L'esprit créateur !
Seigneur, que ta flamme
Embrase son âme !
Oh ! rends à la femme
L'enfant de son cœur !

ÉLIE.

Evocation.

Lève-toi, pur enfant, de ton lit funéraire !
 Ton séjour ici bas
Doit durer jusqu'à l'heure où le temps de ta mère
 Sonnera le trépas !
Tu mourais encor pur ; les fautes de la terre
 En passant près de toi,
Respectaient le gardien de ton toit solitaire :
 Chaste mère, humble foi !...
A ma voix l'Éternel va te rendre à la vie,
 A ta mère, à son cœur :
Vis caché, loin du bruit des cités qu'on envie
 Où le mal est vainqueur !...
Souviens-toi de l'instant où Dieu dans sa demeure
 Se retint ébloui,

Et retourne à la mort, quand pour toi viendra l'heure,
Aussi pur qu'aujourd'hui.

Ame, du sein de Dieu, je te rappelle à moi !
Rentre au cœur de l'enfant ! Enfant, relève-toi !
(*Héder se redresse sur son lit*).

Séphora.

Soyez béni, Seigneur, mon fils vit à mes yeux !

Élie.

Laissez parler celui qui redescend des cieux !

Héder.

Sois bénie, ô ma mère,
Je t'ai dû les vertus
Qui par de là la terre
Font monter les élus !
De la sphère infinie
Le chémin, c'est la vie !
Marchons donc, sainte amie,
Vers les cieux
Radieux !

Les splendeurs où mon âme
S'éleva près de Dieu,
M'ont laissé, saint dictame,
Plein d'un sublime feu.
C'est le feu des archanges,
Des élus et des anges
Qui chantaient des louanges
Dans les cieux
Radieux !

ÉLIE.

O souvenirs des cieux d'où viennent les prophètes
Vous parlez à mon cœur par la voix de l'enfant !

SÉPHORA.

Merci, vous qu'on attend aux éternelles fêtes.

HÉDER.

Homme de Dieu, merci !

SÉPHORA.

    Vous partez ?

HÉDER.

                  Un instant.

ÉLIE.

Non ! ce peuple d'Achab souffre, pleure et m'attend.

HÉDER ET SÉPHORA.

    En tous lieux dans ton voyage,
    Voyageur au front si doux,
    Que chacun sur ton passage
    Te bénisse comme nous !

ÉLIE.

    Bel enfant et mère sage,
    Votre vœu me sera doux,
    Et partout en mon voyage
    Tous les miens iront vers vous !
A genoux, car voici l'heure de la prière,
Et louons Dieu qui rend un enfant à sa mère !

Édouard PLOUVIER.

VIEUX GARÇON !

MÉLODIE.

Gervais, l'orgueil de son village,
Etait, jeune homme, un beau garçon
Ne reculant ni pour l'ouvrage,
Ni pour la danse ou la chanson.
« Gervais, Gervais, faisait le monde,
  Ecoutez-nous,
  Mariez-vous !
Pouvant au choix prendre à la ronde,
  Temporiser
  C'est s'exposer...

Tout dans la vie a ses instants ;
Ne jouez pas avec le temps. »

Mais comme l'arbre en sa vallée,
A chaque feuille le quittant,
Murmure : « Adieu ! pauvre envolée,
Fuis !.. que m'importe ? j'en ai tant ! »
Gervais laissa fuir sa jeunesse,
  Chantant bien haut :
  « Il est trop tôt ! »
Puis il vit poindre la vieillesse,
  Disant à part :
  « Il est trop tard ! »

Tout dans la vie a ses instants ;
Ne jouons pas avec le temps.

Et maintenant au spectre frêle,
Qui d'un bâton n'a que l'appui,
Pas une voix d'amour fidèle
Ne porte un cœur toujours à lui !..
Pas un enfant dans sa chaumière,
  Pour le charmer,
  Le ranimer !..
Pas un ami pour le distraire,
  Car, les bons vieux,
  Ils sont... aux cieux !

Tout dans la vie a ses instants ;
Ne jouons pas avec le temps.

Hipp. Guérin de Litteau.

LES PETITES FORTUNES (1).

Cette femme est vraiment l'astre de la soirée ;
Un flot de louis d'or l'a vêtue et parée ;
Elle laisse traîner d'un air inattentif
Le satin de sa robe. En la voyant paraître

---

(1) Voici encore une célébrité parisienne qui vient faire son offrande de vers gracieux à notre *Muse* provinciale. Mme Anaïs Ségalas a bien voulu nous adresser quelques unes de ses charmantes poésies que les journaux les plus répandus s'estiment heureux d'offrir à leurs lecteurs. Si la *Muse des Familles* en devient plus agréable et plus précieuse à ses abonnés, notre reconnaissance de son côté en devient aussi plus vive, et nous prions Mme Ségalas d'agréer tous nos remerciements pour son aimable collaboration.

Eclatante et superbe, on se dit : « Ce doit être
    La femme d'un prince ou d'un Juif. »

Non... son orgueil est grand, sa fortune est petite.
Sa bourse est une auberge, et l'argent qui l'habite,
Voyageur trop pressé, n'y loge qu'en passant.
C'est ta victime, ô luxe ! ô moderne vampire !
Qui, prenant pour suaire un riche cachemire,
    Viens sucer l'or au lieu du sang !

Elle rayonne au bal, la belle jeune femme,
Et frissonne au logis, près d'un tison sans flamme,
Froid comme un vers classique... Il faut voir chatoyer
Ses anneaux de brillants, qui, le soir, font merveilles ;
Radieuse, elle fait reluire à ses oreilles
    Le feu qui manque à son foyer.

Elle dîne en ermite et s'habille en princesse :
C'est un anachorète en robe enchanteresse.
Paris est une ville étrange et sans raison :
On y jeûne bien moins pour fléchir Dieu le maître,
Et conquérir le ciel des élus, que pour mettre
    Des volants de point d'Alençon.

La perle fine vit dans sa maison murée,
Que Dieu meuble de nacre et qu'il a décorée ;
Mais, à l'extérieur, nul n'en voit les trésors ;
C'est une écaille terne, où nul éclat ne brille :
Le Parisien, lui, retourne la coquille,
    Et porte la nacre au dehors.

Son élégant époux, à cette jeune femme,
Veut aussi resplendir aux regards, et se dit
Qu'une lèpre cachée aux profondeurs de l'âme,
Vaut bien mieux à Paris qu'une tache à l'habit !

Dehors, il jette l'or ; chez lui, compte le cuivre.
Au lansquenet, devant quelques sots éblouis,
Il risque un fol enjeu, qui, demain, l'eût fait vivre :
On fait valser sa femme et danser ses louis.

Auprès d'un riche ami, qu'un laquais accompagne,
Il rêve hôtel, carrosse où vient grimper Frontin :
Car lorsque l'on bâtit des châteaux en Espagne,
C'est toujours à côté du château du voisin.

A la mine de houille, à la vapeur mobile,
A l'eau, la terre, il dit : « Dorez-moi mon salon ! »
Il veut en spéculant doubler son bien fragile ;
En croyant le gonfler, il crève son ballon.

Et la misère vient, la misère coquette,
Qui caracole au bois, prend chez Staub son habit.
Quand notre indigent sort, sur son corps maigre, il jette
Une peau de lion, qu'il achète à crédit.

La jeune femme doit le vaporeux nuage
De sa robe de bal, les feux de son collier :
Car la femme est un paon qui solde son plumage,
Une étoile qui prend ses rayons au joaillier.

Elle cache en dansant sa souffrance cruelle,
Bande sa plaie avec vingt mètres de satin ;
Mais si les papillons le soir volent près d'elle,
Les huissiers, noirs corbeaux, croassent le matin !

L'union des époux s'échappe par les mailles
De leur bourse percée... elle suit leur trésor,
Et leur chaîne, si douce au jour des fiançailles,
Se rompt dès qu'on y voit manquer un anneau d'or.

Quand les billets de banque, orgueil des portefeuilles,
Au souffle du malheur, s'envolent sans retour,
On voit souvent languir et décéder l'amour,
Comme un pauvre malade à la chute des feuilles !

Auprès du beau lion, sur le même palier,
Vit un simple employé, qui chante quand il pleure,
Qui sort chaque matin, horloge du quartier,
Cadran en habit noir, marquant la dixième heure.

Or, cet humble voisin est un sage joyeux,
Socrate sans ciguë et dont la femme est bonne.
Il n'a pas la splendeur du lion qui rayonne ;
La reliure est simple, et le livre vaut mieux.

L'ordre est son intendant... Son Pactole modeste
Lui suffit. Quand il voit du noir à l'horizon,
Il a son parapluie, honnête compagnon,
Pylade qui s'attache au bras de cet Oreste.

Quelquefois l'omnibus, arche ouverte au flâneur,
Dans son coffre banal lourdement le transporte.
Il n'a pas son carrosse et ses gens, mais qu'importe,
Si son omnibus suit la ligne du bonheur !

Son ministre frémit... une trombe prochaine
Peut le déraciner... lui, fier d'être petit,
Stable et gai dans son coin, tranquille s'y blottit,
Heureux comme un brin d'herbe à l'ombre d'un grand
                                                chêne.

Il n'a point sa villa.... mais, en gilet brodé,
Tout pimpant; le dimanche il franchit nos murailles,
Puis va royalement dans son parc de Versailles,
Ou visite en seigneur son bois de Saint-Mandé.

L'hiver, chez lui, jamais aucun ténor ne chante,
Ces rossignols coûteux ne lui sont pas permis,
Mais on entend gratis, à ses fêtes d'amis,
Fredonner la gaîté, prima-donna charmante.

Pour ceux qui l'ont bercé, dans son étroit tiroir
Il garde un or béni : cœur ponctuel et tendre,
Il est toujours exact, dès que se font entendre
L'heure du ministère et l'heure du devoir.

Sa femme, sans brillants, sans moire au parfum d'ambre,
N'a sur son front charmant qu'un diadème blond.
Entrez chez lui.. Frontin n'est pas dans l'antichambre,
Mais la mère et l'aïeul se chauffent au salon.

Aussi, matin et soir, quelque chanson résonne
Sur ses lèvres. Son cœur plein de rayonnement
N'a pas un seul remords : ceux qui chantent gaîment
Ce sont ceux qui jamais n'ont fait pleurer personne.

Il ne faut pas jeter beaucoup d'argent en l'air
Pour avoir le bonheur, qui jamais ne s'achète :
Ses voisins vainement ont vidé leur cassette,
Mais il le sait bien, lui, le bonheur n'est pas cher.

Il le trouve en voyant, sous son toit qui s'égaie,
Une femme qu'il aime, et, dans son ciel, un Dieu.
Pour payer le bonheur, l'or lui servirait peu ;
C'est dans son cœur qu'il va chercher de la monnaie.

Et, bien loin d'imiter son beau voisin fringant,
Si, dans un jour de fièvre, il sent dans sa cervelle
Des rêves trop dorés, il sait leur couper l'aile,
Et rogner ses désirs en comptant son argent.

Anaïs Ségalas.

VOUS ET MA FILLE.

— Je ne dors pas, ô jeune fille,
Quand, au salon, dans un fauteuil,
J'étends les pieds et ferme l'œil,
Comme un vieux père de famille.

Mon esprit, qui s'emplit alors
D'illusions et d'espérances,
N'a point, malgré les apparences,
L'immobilité de mon corps.

Invoquant le ciel tutélaire
Pour l'ange que j'en ai reçu,
Sur l'avenir inaperçu
Je cherche un rayon qui m'éclaire.

Tout entier, même amis présents,
A ma créature chérie,
J'écoute une voix qui me crie :
« Lorsque ta fille aura quinze ans ? »

Quinze ans précisément votre âge !
Ah ! l'heureux père étreint par vous !
Qu'il en est fier et moi jaloux ! !
Que j'envie un tel entourage !

O mystérieux avenir !
A quinze ans, ma fille aura-t-elle,
Ainsi que vous, ma toute belle,
Ce qui fait aimer et bénir ?

Ce front candide qui nous charme,
Cet esprit vif qui s'agrandit,
Ce sourire, duquel on dit :
Il n'est chagrin qu'il ne désarme !

Ce sentiment pur, cette voix
Au chant des oiseaux si pareille,
Que, quand on lui prête l'oreille,
On se croirait au fond des bois?

L'enfant, que mes foyers obtinrent,
En doit être aussi l'ornement ;
J'en ai le doux pressentiment !.....
— Ainsi disais-je..... les ans vinrent :

Les trois lustres, que mon amour
Appelait, ont produit leur flamme ;
Elle est jeune fille et vous femme :
Elle est l'aurore et vous le jour.

Prosper Delamare.

A UN ARCHITECTE.

On gravera sur ta pierre funèbre :
« Ici repose un homme simple et doux,
« Fidèle ami, bon père, bon époux,
« Peintre élégant, architecte célèbre !
« Mille vertus, par un heureux accord,
« Sur sa belle âme étendaient leur empire ! »
Ce qu'on dira, sans doute, après ta mort,
De ton vivant que ne peut-on le dire !

Aimé Vingtrinier.

LE VIEUX CHAUME.

Arrêtez vos regards sur cet asile antique,
Sur ce chaume paisible, au pilotis rustique,
    Baignant son humide pied noir
Dans le flot argenté de l'onde calme et pure,
A cette heure muette où tout dans la nature
    Respire les parfums du soir.

A peine entendez-vous le tranquille murmure,
De la brise, et l'oiseau, perché dans la ramure,
    A suspendu ses chants joyeux.
Les ombres, déployant leurs transparentes voiles
Font resplendir l'éclat des premières étoiles
    Qui percent la voûte des cieux.

Là, tout est majesté, paix, doux rêve, mystère.
Et toujours ignorant ces vains bruits de la terre,

Ces vils trafics d'argent et d'or,
Où l'homme sottement use à jamais sa vie,
L'humble hôte de ces lieux, à l'abri de l'envie,
Le cœur libre et content, s'endort.

Heureux dans ses foyers, désire-t-il connaître
Les riches palais ? Non. Le toit qui l'a vu naître
Sera témoin de son trépas :
Ce jour est loin sans doute.... A sa mine vermeille
Dieu promet la centaine. Eh ! chut ! chut ! il sommeille,
Amis, ne le réveillons pas

BERLOT-CHAPPUIT.

A MON PAYS.

France, qui fus toujours si fière et si soigneuse
Des gloires qui parent ton front ;
Toi, que le monde entier dit grande et généreuse,
Et qui ne souffres point l'affront :

O France ! ô ma patrie ! ô reine toujours belle,
Toujours digne d'un tendre amour,
Laisseras-tu pâlir l'auréole immortelle
Qui t'égale à l'astre du jour ?...

L'étranger, cependant, en face ose te dire
Que ton cœur a dégénéré ;
Que tu vois sans douleur une sublime lyre
Accuser le sort et pleurer !..

Quoi ! ce cœur, autrefois si grand, si magnanime,
 Aujourd'hui n'aurait rien d'humain !
Il verrait un grand homme au sein d'un vaste abîme
 Sans crier : « Tendons-lui la main ! »

O blasphème ! la France, à qui l'Europe entière
 A décerné le prix d'honneur,
Oserait aujourd'hui se ranger la dernière
 Sous la bannière du malheur !...

La France, qui toujours a primé comme reine,
 Cèderait son bandeau royal,
Son blason glorieux, son rang de souveraine
 Pour quelques grammes de métal !

Blasphème ! avons-nous dit : Jamais si noire injure
 N'aurait souillé son écusson ;
Nous savons que sa gloire est toujours aussi pure ;
 Nous ne craignons pas ce soupçon.

Bientôt elle saura prouver à l'Angleterre
 Que son cœur n'est point un tombeau,
Où dort, comme un débris inutile à la terre,
 La noble passion du beau.

Oui, ses enfants, priés d'apporter leur obole,
 Répondront à ses nobles cris ;
Ils sauront honorer un roi de la parole,
 Et rendre hommage à ses écrits.

Ils sauront réparer une grande détresse,
  Afin que leurs frères puinés
Sachent bien que jamais, en France, la noblesse
  N'a fait défaut à leurs aînés.

Que si quelqu'un nous dit : « Votre œuvre est impossible! »
  Vite faisons lui le procès :
« A tout grand sentiment la France est accessible :
  Impossible n'est pas francais. »

« Est-ce donc, à vos yeux, une chose si rare
  « Qu'un cœur noble et reconnaissant ?...
« L'amour de la patrie est-il jamais avare ?..
  « Se déclare-t-il impuissant ?...

« Quand on aime un pays, on aime aussi sa gloire,
  « On travaille à la soutenir ;
« Honorer les grands noms, flambeaux de son histoire,
  « C'est assurer son avenir. »

Nous concourrons donc tous à cette œuvre chérie,
  Imbus de cette vérité :
Que « servir un beau nom, c'est servir sa patrie,
  « C'est vouloir sa prospérité. »

Certe, il mérite bien toute publique estime
  Ce poète aux chants immortels,
Cet homme dont la voix sympathique, sublime,
  Sauva nos lois et nos autels !

La tempête grondait, et sa voix menaçante
　　Dans tous les cœurs jetait l'émoi :
Paris, épouvanté de sa fureur croissante,
　　Attendait glacé par l'effroi.

Lamartine, bravant la mort et la tempête,
　　S'oppose au flot impétueux ;
Il parle : à ses accents tout un peuple s'arrête
　　Et se rend à de nobles vœux !

Tel, jadis, on dut voir, sur les monts de la Thrace,
　　Orphée aux chants harmonieux,
A sa lyre enchaîner l'inexorable race
　　Des tigres aux bonds furieux.

Enfants, qui chaque jour sur le sein de vos mères
　　Redites ses pieux accents,
Vous, à qui sa belle âme apprit mille prières
　　Suaves comme un pur encens ;

Vous participerez à cette œuvre bénie,
　　Oui, vous donnerez comme nous,
Afin que l'étranger sache que le génie
　　En France est honoré de tous.

Il est si beau de voir une main enfantine
　　Venir à l'appui du malheur !
Ne les repousse pas, généreux Lamartine :
　　Ces douces mains portent bonheur !

Plusieurs, le croira-t-on ! jettent le ridicule
    Sur cet acte de piété :
Est-ce pour nous prouver que tout esprit recule
    Dès qu'il méconnaît la bonté ?...

Peut-être aiment-ils mieux qu'il fasse banqueroute,
    Et que sans égards pour l'honneur,
Il se traîne perdu sur cette inique route
    Où tant d'autres laissent le leur !...

Laissons-les rire entre eux de cette perfidie,
    Et gardons nos bons sentiments :
Ils savent trop d'ailleurs qu'une plaisanterie
    Souvent cause bien des tourments.

Figaro ! car c'et toi, ton superbe cynisme
    Est quelquefois hors de saison ;
Tu ris de tout, c'est vrai, par amour du sophisme,
    Mais sans abdiquer la raison.

Comme nous, tu sais bien que la reconnaissance
    Est la vertu de nobles cœurs :
Qu'on ne devrait trouver l'ingratitude en France,
    Ni dans l'esprit ni dans les mœurs.

Oui, comme nous, tu sais qu'une illustre infortune
    A des droits à notre amitié ;
Que nous ne devons ni la trouver importune,
    Ni la secourir à moitié.

Honneur donc aux Francais dont l'âme s'est émue
   En face d'aussi grands revers :
S'il a parlé, sa voix ne sera point perdue,
   Les cœurs bien nés lui sont ouverts.

Partout on comprendra qu'un ami de la France
   Plaide ici la cause du bien,
Et que faire un appel à la reconnaissance,
   C'est se montrer bon citoyen.

Gloire encore à celui dont l'âme généreuse
   Naguère à souri de pitié
En voyant un Anglais, de son île brumeuse,
   Nous jeter son inimitié ;

Car elle est impuissante, et ses vaines injures,
   Bien que pleines d'un fiel épais,
N'ont pu troubler encor les eaux qui coulent pures
   Entre Falkestone et Calais.

. . . .

O France ! encore un mot : le monde te contemple ;
   Il attend un grand souvenir ;
D'un rare dévoûment donne un sublime exemple
   A tous les siècles à venir !

Certes ! tu peux toujours payer toute ta gloire !
   Et je le dis avec orgueil :
« Tu ne souffriras pas qu'une grande mémoire
   « Descende outragée au cercueil ! »

Gustave LALOY.

LA FÊTE DU CURÉ.

Allons, vite qu'on s'apprête
Pour l'usage consacré,
Car c'est aujourd'hui la fête
De notre bon vieux curé !

Chacun l'aime à l'idolâtrie,
Le bon vieux curé de chez nous ;
Pas un paysan, je parie,
Ne va manquer au rendez-vous ;
Nos petits présents, faut tout dire,
Sont bien payés avec retour,
Quand ils obtiennent un sourire ;
C'est du bonheur pour tout un jour !

Chacun le chérit comme un père,
Peut-on trop le remercier ?
C'est par ses soins que tout prospère
Chez l'artisan, chez le fermier.
Si quelque malheur se prépare,
Son cœur est tout prêt à donner,
Et si quelque brebis s'égare,
Il sait si bien lui pardonner.

Il a mille bonnes paroles
Pour ramener vers le saint lieu,
Les filles rieuses et folles
Qui, pour le bal, délaissent Dieu.

Il dit : faut que jeunesse passe,
Mais si Dieu créa les plaisirs,
Il faut au moins lui rendre grâce
D'exaucer ainsi vos désirs !

Il représente Dieu sur terre,
Et si parfois quelque buveur
Trébuche au seuil du presbytère,
Il lui répète avec douceur :
Quand le Seigneur créa la vigne,
Il dit au vieux Noé, tout bas,
Trop boire, cela n'est pas digne,
Usez, usez, n'abusez pas !

Alphonse Baralle.

ÉPITRE A MON CONFRÈRE JASMIN.

Aujourd'hui, bannissant toute rime morose,
Confrère, je te parle ainsi qu'on parle en prose.
Je n'ai pas ton pinceau, ni ton fameux savon;
Mais mon rasoir à peine effleure le menton...
Laissons le luth sacré puisqu'il dort... Ami, daigne
Voir comme aux sots parfois je donne un coup de peigne.
— D'abord, quels sont tes goûts ? Aimes-tu, vers le soir,
Laissant se reposer le fer et le rasoir,
Et la tête de bois sur ta table encor chauve,
Entendre le grillon soupirer sous la mauve?
Je voudrais bien te voir sous les oliviers verts,
Quand, les cheveux aux vents, tu récites tes vers !...

Dans les cœurs du Midi comme ta voix résonne,
Poète heureux! ton front est ceint d'une couronne
De lauriers immortels! — Les muses qui souvent
Préfèrent au rosier l'épi qui flotte au vent,
En essaim gracieux, vers ta première couche
Viennent s'abattre un jour ; tour à tour sur ta bouche
Elles posent un doigt, et l'une des neuf sœurs
T'a dit : Tu peux chanter ; pour toi croissent des fleurs !

— Si près de mon berceau les muses sont venues,
C'était un jour d'orage, et, tremblantes et nues,
Semblables à l'oiseau qui tout-à-coup s'abat,
Surpris hors de son nid par le vent qui le bat,
Elles ont sur mon front posé des mains souillées,
Secoué sur mes yeux mille plumes mouillées,
Et, prenant leur essor dans le lointain des champs,
M'ont dit : Le bruit des pleurs, ce seront là tes chants !...

J'ai voulu parler bas et déjà ma voix monte!
J'ai parfois des accès dont moi-même j'ai honte.
Pour causer avec toi, pourtant je ne veux point
Suivre sous les cyprès le cygne de Saint-Point.
— Non. — Il faut à mon cœur, que l'amertume noie,
Un verre de champagne et quelques chants de joie.

— Je veux me mettre aux rangs des comiques auteurs,
Puisqu'il faut, — m'a-t-on dit, — amuser les lecteurs,
En grimaçant au bas de la sainte colline,
Le poète devra chanter la crinoline !...
— Malfilâtre, Gilbert, Hégésippe Moreau,
Vous tous à qui la faim a servi de bourreau,

Eh! que n'imitiez vous ces auteurs pleins de grâce
Qui couvrent de nos jours les degrés du Parnasse!...
Aujourd'hui le délire est un mot sans crédit!
Pour se faire un grand nom un trait d'esprit suffit.
Pégase, plus docile, a ralenti sa course,
Et l'art en gants glacés va fréquenter la bourse.

— Le poète n'est plus l'homme dont les cheveux
Dédaignent le secours de notre art merveilleux,
Qui laisse sur son sein croître une barbe inculte ;
Non certes, de la mode il vénère le culte ;
Il attache à ses pas les plaisirs et les ris,
Et se blanchit le teint à la poudre de riz.
On connaît le railleur à sa lèvre narquoise,
Sous de longs poils frisés à la pommade hongroise.
Il en est un surtout qui, sortant de mes mains,
Devrait être placé parmi les chérubins ;
Je le frise à la neige, et grâce au cosmétique.....
Mais! je t'entends crier: « Respect à la pratique! »
J'obéis, ô mon maître, — Ah! puissent tes leçons
M'inspirer quelque jour de joyeuses chansons ! —

— Je combats mes instincts, amis, mais la satire
Eut toujours pour mon cœur un charme qui l'attire ;
Enfant, j'appris à lire — à l'ombre d'un bouleau,
Sur des feuillets épars échappés d'un Boileau.
Si Dieu ne m'avait fait un cœur de tourterelle,
Boileau, j'en suis certain, eût été mon modèle ;
Mais, l'élégie en main, ma pauvre muse en deuil
Va trop souvent cueillir des fleurs sur un cercueil...
Sous les saules en pleurs bien souvent je m'arrête
Et, pauvre matelot battu par la tempête,

Je m'écrie en tendant mes deux bras vers le port.:
Quand dormirai-je, enfin, du sommeil de la mort !
Et pourtant je commence à peine mon voyage !
Mais les flots furieux ont glacé mon courage ;
Je vogue sans boussole, et peut-être demain
La rame tombera de ma débile main...

Les cordes de mon luth vibrent avec tristesse.
Adieu donc ; je ne puis tenir à ma promesse ;
Déjà sur le fauteuil la pratique m'attend,
Et je dois lui montrer un visage riant...

Si le hasard un jour me mène vers la rive
Où résonnent tes chants, que ma barque craintive
Se repose un instant, du moins, sous ton beau ciel,
Et nous nous donnerons un salut fraternel.

Antoine Mollard.

SIMPLE QUESTION.

A madame d'A.

Vous, dont l'esprit charmant nous plait et nous captive,
Vous, qui pensez toujours, — mais sans être pensive, —
Je viens vous supplier, en vous tendant les bras,
De me tirer d'un doute, ou d'un grand embarras.

Il est une cité (la cité de Trévise),
Qu'entourent des jardins ; là, sur des fleurs la brise,
Dans son vol si léger, au souffle caressant,
Va, vient, glisse, et dépose un baiser en passant.

Quelques arbres touffus prodiguent leur ombrage
Aux oiseaux d'alentour qui, dans leur verte cage,
Sur ces rameaux, — pour eux, arbre de liberté, —
Redisent leux doux chant, par l'écho répété.

Le frais parfum des fleurs, les ombrages tranquilles,
Et le chant des oiseaux, — c'est rare dans nos villes....
Mais, ce qui l'est bien plus, je vais vous le conter;
Voyons, prêtez l'oreille, et daignez m'écouter :

Dans l'un de ces hôtels de la cité nouvelle,
Il est un cœur parfait; une âme, et bonne et belle....
Un salon assez grand, où nous sommes admis,
Est, pourtant trop petit pour les nombreux amis
De CELLE ou de CELUI dont la grâce charmante
Fait que, de ses amis, le nombre encore augmente.

De CELLE ou de CELUI!... Vous voyez, je l'ai dit ; —
Et c'est ce doute là qui me tient interdit.

En voyant ses grands yeux, sa noire chevelure,
Son sourire si doux, — sans effort, je le jure,
Sur son sexe adoré je ne me trompe pas....
Mon cœur qui s'y connaît me le redit tout bas!

Puis, alors qu'elle parle et que, ravi, j'écoute,
A sa mâle raison, je sens naître mon doute ;
Vrai ! je suis incertain... et, sans plus de façon,
Je me dis quelquefois : « C'est peut-être un garçon ! »
Mais un homme n'a pas autant de tact dans l'âme,
Et je me dis : « Bien sûr, ce doit-être une femme ! »

Vous qui LA connaissez, ou qui LE connaissez,
Tirez-moi, d'embarras, Madame, — et prononcez.

Émile Barateau.

UN DINER DE NOTAIRE.

Certain notaire campagnard,
Dodu, replet et papelard,
Acheta, près de son village,
Un château. Notre personnage
Pour inaugurer dignement
Un aussi grand événement,
Offrit un repas délectable
Aux *gros bonnets* de son endroit ;
Le tour n'était pas maladroit !
Tout-à-coup, se levant de table,
La femme du *patrocineur*,
Le verre en main et l'œil vainqueur,
Débita d'un ton d'orateur :
« Ces lapins sont de *nos* garennes !
« Et ces prunes d'un noir d'ébène
« Se récoltent dans *nos* vergers !
« Ces pois verts dans *nos* potagers !
« Ce vin dont le bouquet hors ligne.
« Vous chatouille, il est de *ma* vigne !
« Ce poisson admirable à voir
« Est pêché dans *mon* réservoir !

« Ces ravissantes fleurs poussent dans *nos* parterres ;
« Enfin, nous vous donnons un diner de NOS TERRES »

Fernand Lagarrique

LE CHAPELET BÉNIT.

La pauvre mère en pleurs, près de quitter la terre,
T'avait donné, Louise, un simple chapelet,
En te recommandant de dire une prière
Quand le soleil s'endort et quand le jour renaît ;
Et pourtant, hier soir, ô ma blanche colombe,
Tu n'as pas prié Dieu.... — ce Dieu qui nous punit
  A chaque grain qui tombe
  D'un chapelet bénit !

Ta mère t'avait dit : Reste laborieuse,
Le travail fut toujours gardien de la vertu ;
Un argent bien gagné nous fait l'âme joyeuse
Et relève en nos cœurs le courage abattu ;
Et pourtant, ce matin, ô ma blanche colombe,
Ton ouvrage attendu n'a pas été fini...
  Encore un grain qui tombe
  Du chapelet bénit.

Ta mère t'avait dit : Sois charitable et bonne,
Jamais d'un malheureux ne repousse la main ;
Riche donne ton or — pauvre, fais lui l'aumône
D'un peu de ton salaire ou d'un peu de ton pain.
Et pourtant, tout à l'heure, ô ma blanche colombe,
Tu niais la misère au front pâle et jauni....
  Encore un grain qui tombe
  Du chapelet bénit.

—La voix qui tout bas parle à l'inexpérience
Et d'une mère absente apporte le conseil,
Ne vient pas du tombeau... mais de la conscience,
Et des bons sentiments prépare le réveil.
Louise a prié Dieu, puis la blanche colombe
Travaille... et donne avec un bonheur infini...
    Et plus un grain ne tombe
    Du chapelet bénit....

Alexandre FLAN.

LE BÉNÉDICITÉ !

Toi qui nourris l'oiseau dans les jours de froidure
    Et sauves nos champs du péril !
Oh ! daigne nous bénir comme ta nourriture !
    — Ainsi soit-il !.....

Toi qui sèches nos pleurs ! toi qui de la misère
    T'es fait le compagnon d'exil !.....
Oh ! du pauvre bénis la table hospitalière !
    — Ainsi soit-il !

Bénis-nous, ô mon Dieu ! mais protèges encore
    Tous les malheureux en péril !.....
Donne-leur, comme à nous, ce que leur âme implore !
    — Ainsi soit-il !

Vicomte DE CHARNY.
(K. de R.)

Le Gérant, GAUTHIER.   Typ. d'A. Vingtrinier.

HISTOIRE CONTEMPORAINE.

On crie, avec raison, à l'époque où nous sommes,
Contre la vanité, l'ambition des hommes ;
Il n'est pas de portier qui ne fasse un effort
Pour échapper au rang où l'a placé le sort.
Chacun voulant monter bien plus haut que sa sphère,
Il arrive souvent qu'à soi-même on confère
Toutes les qualités de l'esprit et du cœur ;
Et l'on se dit enfin d'un petit air vainqueur :
Un tel a fait cela? ma foi, la belle gloire !
J'en ferais bien autant. Est-ce la mer à boire?
Un homme intelligent est toujours propre à tout.
Mais nous irions trop loin en poussant jusqu'au bout...
Aujourd'hui nous voulons tout simplement vous dire.
Que si l'ambition nous tient sous son empire,
Il est quelques heureux échappant à sa loi.
Je vais vous le prouver bientôt ; écoutez-moi.

Un de ces jours de Mai, — c'était aux Tuileries,
Auprès des beaux jardins aux ceintures fleuries,—
Deux soldats, l'arme au bras, faisaient leur faction.
L'un d'eux, tout absorbé par la réflexion,
Demeurait immobile auprès de sa guérite.
Pensait-il à Manon, ou bien à Marguerite?
Ma foi! je n'en sais rien. Mais notre troubadour
Etait un Auvergnat, *né-natif de Saint-Flour*.
Vous devinez dès lors un fruit à rude écorce.
L'autre était un enfant pétulant de la Corse.
Le silence avec lui, nous pourrions en jurer,
Jusqu'à la fin des temps, ne devait pas durer.
En effet, écoutez :

　　　　　　　　—Eh! dis donc, Chabessière,
Est-ce que tu craindrais aujourd'hui la poussière?
Tu ne marches pas plus qu'un poisson hors de l'eau.
Que rumines-tu donc au fond de ton cerveau !
— Je pense qu'en un mois j'ai fini mon service,
Et qu'à moins d'un hasard, d'une chance propice,
Je serai sans emploi... Si l'Empereur voulait...
Il garda le secret qu'en son cœur il roulait.

Notre Corse, piqué de cette réticence,
Et brûlant du désir d'avoir sa confidence,
Lui dit d'un air distrait et parfait de candeur:
— Pour savoir s'il le veut, écris à l'Empereur.
Le caporal Friquet, de notre compagnie,
Un malin qui serait très-bien dans le génie,
T'écrira, pour un punch, une lettre, ce soir,
Et l'Empereur saura l'objet de ton espoir,

—Non, la chose n'est pas encore décidée;
Le caporal pourrait me voler mon idée.
—Tu veux donc demander d'être son moutardier?
Halte-là! mon enfant: c'est un trop beau métier.
—Oh! c'est moins que cela.
      —Rêves-tu les dorures
Qui couvrent les valets sur toutes les coutures?
Mais pour cela, mon cher, je te trouve un peu laid.
— Je ne te dis que ça : si l'Empereur voulait...
— Pour savoir s'il le veut, il faut que tu demandes...
—Tu ne tireras pas de mon sac les amandes;
Je garde mon secret.
     —Oh! tu peux le garder,
Et crois bien que jamais je n'y veux regarder.
Va, tu n'as pas encor trouvé la mécanique
Qui nous fera passer la mer *Atelantique*
Sans nous mouiller les pieds. Garde-le ton secret...
Oh! ne me le dis pas... J'en aurais du regret...

Pendant tout ce colloque, à travers le feuillage
Des touffes de lilas qui bordent le treillage,
Un auguste témoin contemplait nos soldats,
Et souriait parfois à leurs piquants débats.
Voyant que l'Auvergnat s'obstinait au silence,
Et désirant savoir, peut-être, ce qu'il pense,
Il s'approche de lui. Nos soldats éperdus,
Présentent le mousquet... ils ne respirent plus.
—Vois, je veux t'épargner la peine de m'écrire;
Dis-moi donc franchement ce que ton cœur désire.
— Sire... mon Empereur...
     Et le soldat tremblait
Lui qui ne tremblait pas quand Malakoff croulait.

Rêvait-il de monter aux rangs inaccessibles ?
Allait-il demander des choses impossibles ?
— Voyons, dit l'Empereur, ne tremble pas ainsi ;
Tout ce que tu voudras, je te l'accorde ici.
— Sire, recevez-moi frotteur aux Tuileries !!

Il pouvait demander de l'or, des armoiries,
Un titre de baron, des rentes sur l'Etat,
Chose qui convient fort aux gens de tout état.
Non, il était frotteur avant d'être au service,
Et frotteur il restait... Se rendit-il justice,
En croyant qu'il n'était propre qu'à ce métier ?
Que chacun le demande un jour à son portier.

Enfin pour achever ma véridique histoire,
Sachez que l'Auvergnat (et la chose est notoire)
Frotte depuis ce jour l'impérial palais
Et gouverne, à merveille, et brosses et balais.

J'aurais pu, finissant comme le fabuliste,
Tirer de mon histoire une moralité ;
Mais non ; chacun de vous sera le moraliste,
Selon son bon plaisir, ou sa sagacité.

S. BARRAGUEY.

LE BAISER DU SOIR.

PETIT CONTE.

Un soir un jeune enfant confié par sa mère
A deux anges amis, pour jusqu'au lendemain,

Le front triste et des pleurs rougissant sa paupière,
Repoussait leurs baisers d'un petit air mutin.

   Froissant leur robe de barège,
   L'ingrat, pour s'échapper encor
   De leur giron qui le protége
   Et qui, trop heureux sortilége,
La veille l'endormait en de beaux songes d'or,
  — Rien, hélas, ne peut de ses larmes,
  A cette heure arrêter le cours ;
Pressé contre leur sein, ses pleurs coulent toujours,
  Attristant leur front plein de charmes !

   Elles, alors, dans leur souci,
Toutes deux souriant d'une douceur extrême,
   Dirent : — « Enfant, ta mère t'aime,
   « Mais ne t'aimons-nous pas aussi?
« Elle te reviendra bientôt, ta bonne mère ;
   « En l'attendant, cher petit frère,
   « Cause, chante et joue avec nous !
« Dehors, si tu sortais, te mangeraient les loups !..
   « Danse gaîment sur nos genoux,
« Et nous t'apporterons de la rive odorante
   « Une mandragore qui chante !..
   « Que voudrais-tu de plus encor ?..»

L'enfant leur répondit de sa belle voix d'or,
  A la note suave et claire :
  « Le baiser du soir de ma mère !..»

E. La Rion.

L'HYMNE DU MATIN

Avant-courrière de l'aurore,
L'aube chasse l'ombre qui fuit;
Mais ce n'est pas le jour encore,
Et déja ce n'est plus la nuit.

A travers la nue irisée,
Comme un fin tissu velouté,
Sa lueur à peine rosée
Nous montre une molle clarté.

Mais le dieu du jour qui s'avance
Éclaire la cime des monts.
A ce mystérieux silence
Qui régnait aux bois, aux vallons,

Succède, aux champs, sous la feuillée
Les cris des oiseaux d'alentour,
Dont la troupe, à peine éveillée,
Gazouille des chansons d'amour.

Ces hôtes joyeux du bocage
Préludent à leurs gais concerts;
L'alouette, au bruyant ramage,
S'élance, en chantant, dans les airs.

Plus loin, en cadences hardies
Parmi les fleurs, les rossignols
Font entendre leurs mélodies
De dièzes et de bémols.

Vers les cieux déployant ses ailes,
L'aigle prend son rapide essor,
Et dans les sphères éternelles
Plane sur des nuages d'or.

D'une humeur volage et légère,
L'insecte aux brillantes couleurs,
Qui sans se fixer cherche à plaire
Va, vient, voltige, auprès des fleurs ;

Quand, dans une inutile vie
S'éteint ce pauvre enfant du ciel,
L'abeille, au sein de la prairie,
Butine et prépare son miel.

Enfin, ô sublime harmonie !
Tout, la plante, l'arbre, la fleur,
Témoins de sa gloire infinie,
Rendent hommage au créateur.

Près d'un frais tapis de verdure,
Le saule, aux flexibles rameaux,
Mire sa blonde chevelure
Au l'impide cristal des eaux.

Tandis que mollement bercée
Par Flore et Zéphir tour à tour,
Sur sa jeune tige élancée
La plante attend le dieu du jour,

Les tendres fleurs, avec délice,
Entr'ouvrant leurs boutons naissants,
Exhalent de leur blanc calice
Les trésors du plus pur encens.

Transports que la nature inspire
Même à ce qui n'a pas d'instinct !
Tout ce qui vit ou qui respire
Célèbre l'hymne du matin.

L'homme seul, dans l'indifférence,
Devant ces effets merveilleux
Prétend par sa vaine science
Expliquer les secrets des cieux.

A peine si par la pensée
Un cœur malade et gémissant,
Ou quelque pauvre âme froissée
S'élève jusqu'au Tout-puissant.

Qui s'occupe donc de prière?
Peu de gens. On voit aujourd'hui
Que Dieu fait tout, sur cette terre,
Pour ceux qui ne font rien pour lui.

     Victor DE BAUMEFORT.

L'AVEUGLE ET LE CHIEN.

Humble compagnon d'un triste voyage,
Ta vieille tendresse est mon seul appui ;
Malgré mes yeux morts, malgré mon grand âge,
Grâce à ton regard mon soleil a lui.
Pour nos pas errants chaque heure s'écoule
Pleine d'un parfum de sérénité ;
Le riche nous voit d'un œil attristé,
Comme une leçon passer dans la foule !
   — Mon vieil ami, mon pauvre chien,
    Mon cher Médor, aimons-nous bien !

J'ai tout vu jadis. — Trop vive lumière,
La vérité seule a brûlé mes yeux ;
Mais je ne crains plus l'horrible poussière
Que font en courant les ambitieux.
Ta fidélité qui fait sentinelle
Comme un vieux soldat guettant l'ennemi,
Pour mieux abriter mon front endormi
D'un ange gardien semble avoir pris l'aile.
   — Mon vieil ami, mon pauvre chien,
    Mon cher Médor, aimons-nous bien,

J'ai, pur de calcul et vierge d'envie,
Pour quelques bleuets perdu bien des blés ;
Par tous les chemins j'ai couru la vie,
   — Chemins du Calvaire et chemins sablés ! —

Qu'importe ! La vie est un labyrinthe
Et tous les chemins vont au même but !
Qu'elle soit du ciel ou de Belzébut,
Toute lampe brûle et doit être éteinte !..
   — Mon vieil ami, mon pauvre chien,
   Mon cher Médor, aimons-nous bien.

Au premier matin, légers de bagages,
Pour la solitude et la liberté,
Cherchant un vieux toit et d'épais ombrages,
Nous déserterons la société.
Nos jours s'éteindront sous un ciel tranquille ;
Par de frais vallons, par de gais sentiers,
Sans noir médecin — et sans héritiers ! —
L'un conduira l'autre au dernier asile !...
   — Mon vieil ami, mon pauvre chien,
   Mon cher Médor, aimons-nous bien.

Alexandre Guérin.

PRÈS D'UN RUISSEAU.

Petit ruisseau solitaire,
  Que j'aime à voir, loin du bruit,
Ces mille jeux de lumière
  Dans ton onde qui s'enfuit !
Que j'aime ce lieu tranquille
  Où, souvent, je viens, rêveur,
Semer ton courant facile
  Des débris de quelque fleur !

Ton flot pur, à sa naissance,
S'échappe tout doucement,
Et tout doucement s'avance
Au souffle léger du vent.
L'oiseau s'ébat sur tes rives,
Et se mire et puis, soudain,
Au murmure des eaux vives
Mêle son joyeux refrain.

J'aime le bois qui t'abrite,
Cette mousse et ces troncs vieux,
Ce feuillage qui s'agite,
Percé de trous lumineux ;
J'aime, dans l'ombre naissante,
Du soleil un rayon d'or
Que l'abeille bourdonnante
Traverse et traverse encor !

Ce calme bientôt pénètre,
Caresse, engourdit mes sens ;
Comme envahi de bien-être,
Bercé de bruissemens,
Je laisse errer, sans mesure,
L'œil perdu dans l'horizon,
Mon esprit à l'aventure
Et sommeiller ma raison.

Je songe que, dans la plaine,
Ce paisible et frais courant,
Tout là-bas, grossi, promène
Son flot devenu torrent ;

Que, sur les rocs du rivage
Traînés, roulés dans son lit,
Tout écumant avec rage
Il se brise et rebondit.

Je le vois devenir fleuve
Et rouler, majestueux,
Parmi les champs qu'il abreuve,
Son flot large et limoneux ;
Je vois sa grande surface
Où le ciel bleu, tout le jour,
Reflété, tremble et s'efface
Et reparaît tour à tour.

Enfin, il jette ses ondes
A la mer, se confondant
Au milieu des eaux profondes
Au vaste mugissement.
Du fleuve imposant naguère,
Pour l'océan éternel,
La masse est aussi légère
Qu'une goutte d'eau du ciel !

Petit ruisseau, de la vie
Tu retraces le destin :
L'enfance, étape bénie,
Riant début du chemin ;
La jeunesse si rapide
Fougueux torrent de plaisirs,
Qui bondit, que rien ne guide,
Qu'amour, espoir et désirs ;

L'âge mûr, puis la vieillesse,
Fleuve aux flots lents, cadencés,
Dirigé par la sagesse,
Fruit tardif des ans passés ;
Qui, bientôt se précipite,
Dans l'inconnu redouté,
Dans l'océan sans limite
Qu'on nomme l'éternité !

Petit ruisseau solitaire,
A l'impétueux torrent,
Au grand fleuve je préfère
Ton mince filet d'argent :
De l'enfance il est l'image,
Et même l'épais ormeau
Semble arrondir son ombrage,
Pour lui former un berceau !

Que j'aime ce lieu tranquille
Où, souvent, je viens, rêveur,
Semer ton courant facile
Des débris de quelque fleur !

Henri Desenne.

A M. LAYS

Peintre de fleurs.

Revers, ennuis, chagrins, des lieux espace immense,
Unissez vos efforts pour combattre mon cœur :

L'amitié contre vous lui prête sa puissance,
Et de tous vos assauts il sortira vainqueur.

Dès longtemps je chéris un enfant de la gloire,
Qui tient du créateur le droit de me charmer ;
Comme un parfum suave il vit dans ma mémoire,
Et je ferai toujours mon bonheur de l'aimer.
Le printemps cessera d'animer la nature,
L'été, de la parer de brillantes couleurs,
L'automne, de payer sa dette avec usure,
L'hiver, d'anéantir la verdure et les fleurs,
Du flambeau de l'amour on éteindra la flamme,
L'exil me causera l'oubli de mon pays,
Et l'honneur cessera de régner sur mon âme
Avant que de mon cœur je banisse Lays.
Eh ! comment oublier le soutien de ma vie,
Dont la bonté tarit la source de mes pleurs,
Alors que les méchants, au gré de leur envie,
Me forçaient d'épuiser la coupe des douleurs ?
Faible roseau battu par un cruel orage,
Dans l'abîme j'allais descendre pour toujours,
Lorsque ton bras, armé de force et de courage,
M'établit comme un roi sur le fleuve des jours.
Depuis lors j'ai bravé les vents et la tempête,
Quand ils ont contre moi signalé leur courroux ;
Et jamais ils n'ont pu faire plonger ma tête,
Même en réunissant leurs efforts et leurs coups.

Ma muse, grâce à toi, du malheur triomphante,
Pourra former encor d'harmonieux concerts,
Chanter de la vertu la beauté ravissante,
La gloire et les grandeurs du Roi de l'univers.

Mais pour les tendres cœurs l'absence est un supplice,
Que la rigueur du ciel semble avoir fait pour moi :
Ah ! puisse-t-il bientôt, à mes vœux plus propice,
Pour ma félicité, me réunir à toi !
Et nous traverserons le théâtre du monde
En foulant sous nos pieds les frivoles plaisirs,
Les grandeurs, les trésors où son bonheur se fonde,
Et qui jamais du cœur ne comblent les désirs.

Alors qu'autour de nous gronderont les tempêtes,
Nous nous abriterons sous le même rocher,
Jusqu'à ce qu'un beau ciel étalé sur nos têtes
Vers notre noble but nous invite à marcher.
Pour toi j'irai cueillir, dans la saison riante,
Des jardins de Lyon les plus brillantes fleurs,
Pour voir en se jouant ta palette puissante
Leur redonner la vie et leurs riches couleurs.
Ensemble nous irons au divin sanctuaire
De l'encens de notre âme environner l'autel,
A ses flots odorants mêler notre prière,
Pour attirer sur nous les dons de l'Eternel.
Ensemble nous irons sur la montagne sainte
Rendre louange et gloire à la Reine des cieux,
Contempler sa grandeur, dans sa demeure empreinte,
Goûter du pur amour les fruits délicieux.

Oh ! qu'ils sont insensés les enfants de la terre
De suivre de leurs cœurs les désirs criminels,
De s'attacher aux biens d'une vie éphémère
Et de fouler aux pieds les trésors éternels !
Ainsi que l'animal privé d'intelligence,
Ils tiennent leurs regards à la terre attachés,

Et de l'Etre principe et fin de l'existence
Les brillants attributs à leurs yeux sont cachés.
Ils n'ont point lu son nom à la voûte céleste,
Où sa main l'a gravé splendide et glorieux.
Son pouvoir souverain, que l'univers atteste,
Est jusqu'à leur trépas une énigme pour eux.
Ils ont dit : « Savourons la coupe de délices,
« Assez d'autres boiront le calice de fiel :
« Au sein des voluptés, rions des vains supplices
« Dont l'insensé nous dit menacés par le ciel. »
Malheureux égarés dans la route du crime,
Ils ferment leur paupière aux rayons du soleil,
Et tombent endormis dans l'éternel abîme,
Dont les feux dévorants éclairent leur réveil :

Cher Lays, rendons grâce à la bonté suprême
De nous avoir gardés d'un tel aveuglement,
Nous mettant à couvert du fatal anathème
Qui frappe le pervers dans son égarement.
Par dessus tous les biens que la foi nous soit chère,
Et soumette au Très-Haut notre faible raison ;
Et que jusqu'au moment de déserter la terre
Tous nos actes divers soient un hymne à son nom !

A. Vignat

Le Gérant, Gauthier.   Typ. d'A. Vingtrinier.

LA MUSIQUE!

STANCES.

A Mlle Marie Brun.

Entendez-vous la suave cadence,
Que vous apporte en passant le zéphir?...
Prêtez l'oreille!... Hélas! faites silence
D'un luth lointain recueillez le soupir!...

Car la musique est à l'âme saisie
Ce qu'un beau rêve est à l'esprit dormant!
Vague beauté! sœur de la poésie
Qui dans le ciel nous transporte un moment!

Au mâle accord d'une corde vibrante
Le cœur frissonne — et l'on dit tout à coup !...
Aux doux accents d'une harpe enivrante
L'âme s'endort et flotte... on ne sait où !...

C'est quelque chose où règne l'harmonie
Que l'on admire — et qu'on ne comprend pas !...
Une influence invincible — infinie —
D'un chœur céleste arrivant jusqu'en bas !...

Vicomte de CHARNY
(K. de R.)

LA GRANDE CHARTREUSE.

Improvisé à la Grande Chartreuse, durant l'Office de nuit.

Minuit !... Tout dort au loin ! Ici, tout prie et veille !
Ici, les chants divins ; là-bas, le bruit des fers !
Dans la ville orageuse où la vertu sommeille,
Demain, la voix du crime emplira mon oreille,
Car ici, c'est le ciel, et là-bas, les enfers !

Oui, le bonheur habite en ce lieu solitaire,
Et l'homme qui gémit vient y chercher le port
Qu'un azur infini couvre de son mystère ;
Et, pauvre paria, proscrit sur cette terre,
Prendre en pitié la foule et sourire à la mort.

Vallons ! rochers déserts ! solitude profonde !
Lieux que le pâtre errant ose à peine franchir ;
Où jamais ne parvient la grande voix du monde
Mêlée au bruit lointain du noir torrent qui gronde
Au pied des monts neigeux que l'autour voit blanchir,

Thébaïde isolée, admirable nature,
Page écrite par Dieu, dans son suprême amour,
Prêtez-moi seulement votre onde toujours pure,
Et l'asile ignoré de quelque grotte obscure,
Pour attendre, en priant, mon jour, mon dernier jour.

Laissez-moi contempler ces rochers, ces fontaines,
L'écrasante beauté de vos sommets alpins,
Vos sentiers que la nuit remplit de voix lointaines,
A l'heure où la tempête, aux aubes incertaines,
Balance follement les branches des sapins.

Là, je songe au Seigneur, mon âme se recueille,
Je rêve, en soupirant, aux jours qui ne sont plus
Et comme aux soirs d'automne, où tout arbre s'effeuille,
Je vois mon beau printemps envolé feuille à feuille,
Et je demande à Dieu les biens que j'ai perdus.

J'ai vidé, jeune encor, la coupe d'amertume,
Ma lèvre même en garde un triste souvenir,
Et, comme un voyageur qu'enveloppe la brume,
Je viens chercher ici le phare qui s'allume,
Des fleurs pour m'embaumer et Dieu pour me bénir.

Emporté comme un fleuve à l'onde fugitive (1),
Sur des bords inconnus j'ai planté mon drapeau,
Et laissé pour toujours, aux grèves de la rive,
Aux buissons du chemin, de ma vertu naïve,
La première étincelle et le dernier lambeau.

J'ai vu mes compagnons de nos fêtes nocturnes
Se lever du banquet, sans attendre la fin,
Après avoir jeté, — flétris et taciturnes —
— Ainsi qu'un dieu marin verse l'eau de ses urnes —
L'or qui du malheureux eût apaisé la faim !

Je les ai vu partir comme des hirondelles
Qui vont chercher un ciel et des étés meilleurs ;
Hélas ! ont-ils trouvé des plumes pour leurs ailes,
Et, sous le noir cyprès, des printemps plus fidèles ?
— Quand je les pleure ici, que font-ils donc ailleurs ?

Pour moi, je m'endormais avec le luth d'Orphée,
Mais lorsque le remords m'avait mordu le cœur,
D'implacables serpents ma Muse était coiffée ;
— Alors une compagne, aimable et bonne fée,
Venait, à mon chevet, s'asseoir comme une sœur.

Etoile fugitive et toujours poursuivie,
Charmant fantôme à qui je devais mon réveil,
Ange mystérieux — seul soutien de ma vie —

---

(1) L'auteur a passé plusieurs mois dans les contrées désertes de l'Afrique française.

Vierge longtemps rêvée — ô sœur — épouse — amie —
Qui caressais mon front de ton baiser vermeil !

Dis-moi, — car je voudrais te parler et je n'ose —
Pourquoi dans ces longs jours d'un bonheur qui nous fuit,
Jusqu'au sein des plaisirs j'étais triste et morose ?
Pourquoi toujours l'épine à côté de la rose,
Et le ver du sépulcre autour du plus beau fruit ?

Oh ! la fleur, au matin, et par l'aube arrosée,
Ne produit qu'un parfum, parfum d'ambre et de miel,
Tandis que la prière, en céleste rosée,
Qui tombe goutte à goutte, et sans être épuisée,
Fait, après le tombeau, des anges pour le ciel !

— C'est qu'il ne reste rien au cœur que l'on déchire,
Pas même l'espérance, au milieu des douleurs,
Si la foi — bonne mère au radieux sourire,
Qui soutient le héros et préside au martyre,
Pendant que nous pleurons, ne se mêle à nos pleurs.

— C'est que parmi la foule, enfant, tout est mensonge,
C'est qu'on flétrit ton sein, ô ma chaste beauté ;
D'ici, je vois Platon, exalté par un songe,
Envier l'heureux sort du disciple qui plonge,
Du haut du Sunium, dans l'immortalité !

. . . .

O pieux habitants de ces saintes retraites,
Quand vous mêlez vos chants au timbre du beffroi,

En inclinant vos fronts, des hauteurs où vous êtes,
Priez pour l'insensé qui s'enivre en des fêtes,
Oubliant l'orphelin, morne et rougi de froid.

Vous qui me recevez comme on reçoit un frère
Éloigné du bercail, après un long adieu,
Sans voir que, dans mon cœur tout est cendre et pous-
Pour vous ressouvenir que la vie est amère,   [sière,
Et que nous sommes tous enfants du même Dieu,

Oui, laissez-moi mêler un chant expiatoire
A vos hymnes sacrés qui montent vers les cieux ;
Laissez entre mes doigts vos rosaires d'ivoire,
A moi, pécheur maudit, qui cherche en ma nuit noire,
Le flambeau de la foi, dans vos champs spacieux.

Sur ces monts sourcilleux on est plus près des anges,
Et l'âme peut ouïr les célestes accords,
Qu'aux pieds de Jéhovah les augustes phalanges,
Aux sons mélodieux mêlent à leurs louanges,
Dans ces instants d'amour et de divins transports !

Puisque c'est aujourd'hui la fête solennelle
Où la Vierge apparaît sur ses chars de saphyrs,
Laissez-moi, comme vous, m'incliner devant elle;
Pour s'élever au ciel, l'aigle a, du moins, son aile,
Et je n'ai, moi, pécheur, plus rien que mes soupirs !

Léon Gontier.

ÉPITRE A MADAME ANAIS SÉGALAS [1].

Madame, ce n'est pas seulement à Paris
Que l'on risque de voir, en superbes habits,
La misère et le luxe allant de compagnie,
Étalant sottement leur étrange manie,
En voiture, à cheval, se promenant au bois,
Croyant ainsi masquer leur fortune aux abois,
Et sous les vastes plis d'un taffetas à quille,
Tâchant de nous cacher leur chemise en guenille.
Peut-être qu'autrefois, dans nos départements,
On eût mis votre dire au nombre des romans;
Mais le chemin de fer et sa locomotive,
Transportant en wagons une foule naïve,
L'ignorant de province a promptement appris
A modeler ses mœurs sur celles de Paris.

Jadis on a bien pu, nous jetant l'ironie,
Justement critiquer notre parcimonie :
Alors on bâtissait sa maison lentement,
Et, dans un vieux comptoir dépouillé d'ornement,
On travaillait beaucoup et de longues années.
Pour se dédommager de ses rudes journées,
Désirant le repos et de peu satisfait,
Le fabriquant, le soir, se couchait et dormait.
Il faut en convenir, c'était bien monotone :
On ne connaissait pas tout le plaisir que donne

[1] Voir la livraison du 15 août, p. 249.

Cette âpre émotion de la Bourse et du jeu ;
On marchait pas à pas ; on limitait son vœu
A faire, au bout de l'an, un modeste inventaire,
Et vouloir davantage eût semblé téméraire.
Si l'on devenait riche on ne le montrait pas,
Et bien peu se faisaient marquis de Carabas.
Mais enfin aujourd'hui, sortis de notre lange,
Nous avons remplacé nos vieux agents de change :
Ils n'étaient bons à rien, et nous en avons pris
Sur le patron de ceux qui règnent à Paris.
Nous voilà donc lancés et vogue la galère :
Qui n'a pas équipage est un bien pauvre hère.
Si vous venez, un jour, visiter notre parc,
Votre Apollon moqueur souvent tendra son arc,
Et, bientôt fatigué de sa rude besogne,
Il se croira porté dans le bois de Boulogne.

En effet, maintenant notre antique Lyon
Jette sur son échine une peau de lion ;
Il se dore sur tranche ; il devient jeune France,
Et ne redoute plus le luxe et la dépense.
Il hait la modestie ; il fait ses embarras,
Et, le voyant passer, on ne se doute pas
Que la crise d'hier, tombant comme une averse,
A fait de grands dégats dans le champ du commerce.
Tel que vous rencontrez, brillant d'un vif éclat,
Est cependant sorti tout meurtri du combat ;
Mais, loin de mettre enfin sa voiture en fourrière,
Il a peur de laisser soupçonner sa misère.
Sa cave voit régner le vide en son tonneau,
Et quand il est tout seul, il ne boit que de l'eau :

En public, il consomme et Champagne et Madère ;
Il mange des primeurs et fait très-bonne chère.
J'aperçois, chaque jour, sur notre quai d'Albret,
Allant courir au parc, Jourdain ou Turcaret
Et, leurs imitateurs, en nombreux équipages,
Et je ne peux pas croire aux effrayants ravages
Que la crise a produits au fond des coffres-forts,
Sans doute protégés par de secrets ressorts.
Non, c'est bien impossible, et la dernière année
Sûrement avec l'or a fait un hyménée :
La crise est un sot conte, à plaisir inventé,
Pour nous prêcher le calme et la moralité.
D'ennuyeux sermoneurs, d'absurdes philosophes,
Ont beau nous menacer de maintes catastrophes,
Nous ne voulons pas mettre une voiture à bas,
Ou priver nos moitiés d'un pouce de damas.
Nous prend-on, par hasard, pour des pusillanimes,
N'osant pas naviguer au-dessus des abîmes ?
Notre devise à nous est d'aller en avant,
De mépriser les flots et de braver le vent.
Si parfois un écueil arrête notre course,
Alors nous dirigeons notre esquif vers la Bourse.
On y laisse, il est vrai, son esprit et son cœur ;
Mais, qu'importe, après tout, si l'on reste vainqueur !
Et si le sort trahit de belles espérances,
Le parquet soldera le prix *des différences*.

Vous le voyez, Madame, ici comme à Paris,
Chacun joue, en passant, le rôle de marquis :
Un fringant équipage est chose si vulgaire,
Qu'il semble devenir un meuble nécessaire.

Il faut se procurer cette nécessité,
Et l'on vend pour cela son âme et sa santé,
On se prive de tout, et la sotte victime
Chez elle trop souvent se condamne au régime.

Paul St-Olive.

SONNET.

JOSEPH BEUF.

Ce barde harmonieux est son maître à lui-même ;
Le chemin qu'il parcourt par lui seul est foulé ;
Chacun de ses sonnets est un charmant poème :
Deux quatrains, deux tercets, le plan est déroulé.

Aussi, son nom vivra comme tous ceux qu'on aime,
Malgré tous les efforts du grand vieillard ailé,
Et la postérité, du sublime baptême
A déjà sur son front mis le signe étoilé.

Jeunes littérateurs, imitons son exemple ;
Ne nous éloignons pas des colonnes du temple,
Où l'incrédulité doit trouver un tombeau ;

Et, dussions-nous verser notre sang goutte à goutte,
Marchons, fiers et croyants, dans la divine route,
Vers le but vertueux du bien, du vrai, du beau.

René Sémur.
Officier d'administration à l'Intendance militaire.

LA FOI!

> ELIE.
> Ame, du sein de Dieu, je te rappelle à moi !
> Rentre au cœur de l'enfant! Enfant, relève toi
> [(Héder se redresse sur son lit).
> Edouard PLOUVIER.

Où trouverai-je le prophète
Qui réveille celui qui dort?
Où donc trouverai-je l'athlète
Qui peut lutter avec la mort?

Que j'entende sa voix suprême
Dire à mon père : Lève-toi !
Je veux revoir celui que j'aime;
Comme Séphora, j'ai la foi !

Indiquez-moi, je vous supplie,
Où je dois diriger mes pas;
La retraite de cet Elie,
Ne la découvrirai-je pas ?

Je demande au vieillard, le triste vieillard pleure
Et me répond : Cet homme, il nous est inconnu.
Mon épouse et mes fils sont partis avant l'heure ;
Le prophète puissant chez moi n'est pas venu !

Je ne le connais pas, répond la pauvre veuve,
Nul n'a dit à mon fils : Je le veux, lève-toi !
Pendant les jours amers, pendant la rude épreuve,
Le prophète divin n'est pas venu chez moi.

Que me demandez-vous? répond la jeune fille,
Regardez ma pâleur, mes vêtements de deuil !

Le prophète n'a pas réveillé ma famille,
De ma mère il n'a pas ouvert l'affreux cercueil !

Lasse d'interroger, je vais à l'aventure,
Dans les champs, dans les bois, sur l'aride rocher ;
Mais toujours une voix me poursuit et murmure :
Le prophète n'est plus ! ne viens pas le chercher.

M'arrêtant éperdue aux bords du précipice,
Sur la pierre, à genoux, je dis à l'Eternel :
O toi qui souriais à l'humble sacrifice,
Toi qui cédais aux vœux des enfants d'Israel !

Je ne demande pas que pour moi tu déranges
Ton implacable loi, tes arrêts absolus ;
Je ne demande pas qu'ils descendent, tes anges,
Pour réveiller celui que je n'éveille plus !

Mais quand je suis vaincue et que je désespère,
Quand je succombe et meurs sous ma trop lourde croix,
Ne pourrais-tu permettre à mon bien-aimé père
    De me faire entendre sa voix ?

    Sa voix ! que je l'entende encore
    Et m'appeler et me bénir !
    J'ai la foi ! Seigneur, je t'implore !
    A mon secours daigne venir !

LA VOIX DE MON PÈRE !

« L'ange me dit : Va consoler ta fille,
« Dieu le permet ! O ma fille ! je viens !
« Lève tes yeux, vois l'étoile qui brille,
« Ses doux regards, enfant, ce sont les miens !

« Les purs encens, les aromes célestes,
« Que le séphir apporte auprès de toi,
« C'est ma pensée, il la laisse où tu restes.
« Tous ces parfums, ô ma fille ! c'est moi !

« N'entends-tu pas cette voix infinie,
« Qui vient du ciel, de la terre et des flots ?
« N'entends-tu pas cette vague harmonie ?
« C'est mon doux chant qu'apportent les échos !

« Si tu savais qu'il est beau le domaine
« Que je parcours ! Oh ! qu'il est radieux !
« Enfant, courage, encor un jour de peine,
« Tous, vous viendrez ! je vous attends aux cieux ! »

La Foi ! vous qui pleurez, invoquez-la sans cesse,
C'est le doux messager qui fléchit l'Eternel !
Elle dissipera votre amère tristesse,
Et vous apportera des nouvelles du ciel !

Clotilde Jantet.

LES AMIS INCONNUS.

A mon ami Alexandre Flan.

Amis, c'est une histoire
Que je ne brode pas ;
Si l'on pouvait y croire,
Plus d'un qui veut mourir chanterait ici-bas.

A vingt ans, il était poète
Et plein de foi dans l'âge d'or.
A l'heure où les pensers jaillissent de la tête,
Où le cœur est un pur trésor,

A chanter il passait ses veilles
Et dès l'aurore, l'âme en feu,
Du monde il redisait les splendides merveilles,
En s'écriant : Gloire à mon Dieu !
Un jour vint où le solitaire,
Au sein de son bonheur jusqu'alors endormi,
Entendit, au milieu des clameurs de la terre,
Ce mot touchant et simple : Ami !
Il se prit à songer de façon imprévue,
Et, promenant la vue
Au delà de ses murs étroits,
Il ne vit que la solitude,
Car les yeux de la multitude,
D'abord fixés sur lui, se détournèrent froids.
« — Eh ! quoi ! dit-il, quand je les aime,
« Chacun à l'égal de moi-même,
« Ils traversent indifférents ?
« Pas un ne sortirait des rangs
« Pour me tendre une main amie ?
« On dirait que mon front est marqué d'infamie,
« Pourtant, mes premiers vers furent pour l'amitié,
« Mais, ils sont restés sourds, et je leur fais pitié !
« Aussi, je veux briser ma lyre !
« Ma voix a trop longtemps chanté dans le désert !
« Dans mon âme ils n'ont pas su lire,
« Et ma raison se perd
« A chercher le pourquoi de leur indifférence.
« Gémis tout bas, mon triste cœur !
« Pour toi seul garde la souffrance,
On aurait trop de joie à sonder ta douleur !
« Oui cette vie est un théâtre
« D'où je veux, comme vous, Gilbert et Malfilâtre,

« Sans regrets et sans repentir,
« Avant mon heure disparaître,
« Pour que l'on dise un jour, en sachant me connaître:
« Encore un qui fut un martyr ! »

— Soudain le malheureux , que consume la fièvre,
Tombe accablé d'un tel effort.
La parole expire à sa lèvre,
Son visage se teint des couleurs de la mort.
Mais ce n'était pas elle !
Un ange, de son aile,
Vint toucher le poète et, pendant son sommeil,
Le berça de ce doux rêve:
A ses yeux, le soleil,
Eclairant les humains, tout radieux se lève,
Et, sous un jour plus beau, lui montre l'univers.
Attentif, il regarde ; un enfant lit ses vers.
Il écoute : une femme chante,
Et de sa voix la plus touchante,
Redit ses mots d'amour, de printemps et de fleurs.
Plus loin, c'est un vieillard, qui, feuilletant son livre,
Pour ses douces chansons retrouve encor des pleurs,
Et tout entier se livre
Aux souvenirs charmants
Qui lui font oublier et la goutte et les ans ;
Dès que ses œuvres sont écloses,
Ici, c'est la jeunesse, ardente aux belles choses,
Qui les dévore avec amour,
Et cause avec lui, nuit et jour.
Enfin, dans un lointain séduisant qui s'entr'ouvre,
Un palais fantastique à ses yeux se découvre,
Environné de spectateurs.

Il se voit le front ceint d'une verte couronne ;
Celui qui la posa lui dit : Je te la donne
Au nom de tes amis, au nom de tes lecteurs !
— Le rêve avait cessé, mais, sous son influence,
  Le malade guérit
  Et, désormais, plus aguerri :
« Je ne veux plus mourir, dit-il, et recommence
« Mes chants pour les amis que j'avais méconnus.
  « Car le poète, dans sa tâche,
  « Qu'il accomplit sans relâche,
« Est sûr de rencontrer des amis inconnus ! »

Emile Delteil.

FÊTE MATERNELLE.

(4 Septembre).

Prends la main de ta sœur, ô mon petit Henri ;
Et, tous les deux, allez offrir, couple chéri,
A votre mère, autour de qui l'on se rassemble,
Vos lèvres et vos fleurs qui vont si bien ensemble !..
Je laisse votre amour inspirer vos accents :
Je ne vous souffle rien ! Qu'un naturel encens
S'exhale de vos cœurs comme de vos corolles.
Dites-lui, mes enfants, de ces douces paroles
Qui lui font tant aimer vos ravissants caquets !..
La voyez-vous, là-bas, attendant vos bouquets ?
Allez, mes chers trésors ! allez, mes jolis anges !
Et que ma bien-aimée, ivre de vos louanges,
Vous presse entre ses bras, puis vous y presse encor,
Comme je fais, avant de vous donner l'essor !...

Prosper Delamare.

Le Gérant, GAUTHIER.   Typ. d'A. Vingtrinier.

L'ONCLE AUX GROS SABOTS.

CHANSONNETTE.

Aurai-je fait un héritage ?
Ne suis-je plus garde-moulin ?
Les coups de chapeaux au passage
M'accueillent depuis ce matin.
J'ai bien un oncle, un pauvre diable,
Très-veuf, et de plus sans marmots ;
Il était si vieux, c'est probable,
    Il n'est plus l'oncle aux gros sabots !

Mon oncle est mort et moi j'hérite,
J'ai beaucoup d'amis, de mérite,
Mes amis, enviez mon sort,
    Mon oncle est mort !

Il a du bien dans la commune,
Des rentes qu'il cache avec soin ;
Il me laisse de la fortune ;
Il a de l'or dans plus d'un coin.
Avec son air de bonhomie,
Il se moquait fort bien des sots.
Il avait de l'économie
Et du foin dans ses gros sabots.

Mon oncle est mort et moi j'hérite.
J'ai beaucoup d'amis, de mérite,
Mes amis enviez mon sort,
  Mon oncle est mort !

Il ne lègue pas un décime
A maître Jean son héritier ;
Il me laisse un nom qu'on estime,
Du cœur avec un bon métier ;
Il me laisse la faible somme
Que moi, sans en toucher deux mots,
Je comptais toujours au pauvre homme,
Sa pipe, et puis ses gros sabots !

Vous voyez bien que moi j'hérite,
J'ai beaucoup d'amis, de mérite.
Quoi ? vous n'enviez plus mon sort ?
  Mon oncle est mort !

Francis Tourte.

LE DANUBE.

(SOUVENIR DE VOYAGE).

Le Danube est large et rapide,
Colosse aux flots d'azur, c'est un fleuve pieux,
Et l'écho de ses bords où la Vierge préside
    Est un long hymne harmonieux.

L'amour puissant des arts a fait parler ses rives ;
Elles disent l'histoire et de l'homme et du temps ;
La nature y fait voir ses forces positives
    En manifestes éclatants.

Oh ! que vous aimeriez ses roches suspendues,
Ses vieux chênes penchés sur la cîme des monts,
Et ses filtrantes eaux des cités descendues
    Par des ravins noirs et profonds !

Que vous seriez émus de ce vaste silence
Qu'interrompent à peine ou le vent ou les flots,
Ou l'aigle au vol superbe, ou le pin qui balance
    Sa tête noire sur les eaux ?

Puis quittant tout-à-coup ce sauvage théâtre,
Que votre œil aimerait le soleil au vallon,
Et les champs qu'il éclaire et la forêt bleuâtre
    Qui se baigne dans l'horizon !

Oh ! que vous aimeriez venir jusqu'au rivage,
Monter sur la colline et vous arrêter là,
Pour graver votre nom, religieux hommage,
    Sur les marbres du Valhalla (1) !

Valhalla, gloire à toi ! que l'étranger qui passe
Ne s'éloigne jamais sans prier à ton seuil ;
Qu'il y prie à genoux, et que les vœux qu'il fasse
    Soient des vœux d'amour et de deuil !

Salut ! beau Panthéon des gloires germaniques,
Venez y reposer, mânes d'Albert Durer,
Vous, Bethoven et Gluck, mêlez vos noms magiques
    A ceux de Fust et Guttemberg !

Danube, vieux Germain, tes cités poétiques
Se déroulent aux yeux dans un vaste appareil,
Et tes peuples chrétiens, dans leurs fervents cantiques,
    T'ont nommé le chemin du ciel.

Les graves Allemands vont en pèlerinage
Des murs de Ratisbonne au-delà du Strudel (2)
Et les chants protecteurs du périlleux voyage
    Sont des hymnes à l'Éternel.

---

(1) Ce bel édifice occupe le sommet d'une colline, à une lieue de Ratisbonne. C'est sous le nom de *Valhalla* que les anciens Germains désignaient le ciel.

(2) Le *Strudel*, situé au milieu du Danube, entre Lintz et Ratisbonne, est formé par deux rochers qui s'élèvent à plusieurs mètres au-dessus de l'eau.

Du gouffre bouillonnant, l'onde retentissante
Bat les deux pieds bénis de ses rochers jumeaux,
Et près du tourbillon, l'écume blanchissante
    Prévient du danger de ses eaux.

Au cœur des pèlerins il fait naître la crainte ;
L'onde roule en sifflant à flots précipités,
S'abîme avec fracas et, sans la Vierge sainte,
    Les bateaux seraient emportés.

On n'aborde ce lieu que le rouge au visage
Et les cheveux dressés et le cœur palpitant ;
Celui qui de son âme a fait un pauvre usage
    Croit s'y voir aux mains de Satan ;

Car à peine on entend la vague bondissante,
Que l'eau du fleuve monte et mugit en tous sens ;
Le nautonier alors ordonne que l'on chante
    Et que l'on brûle de l'encens.

Mais quand il vient tout seul dans sa frêle nacelle,
Le pilote suspend l'effroi du pèlerin ;
Le plus petit rocher devient une chapelle,
    Sa voix la trompette d'airain :

« Nous atteindrons, dit-il, le Strudel dans une heure ;
« Plus nous en approchons, plus il nous faut prier,
« Et la Vierge entendra, du haut de sa demeure,
    « Notre hymne tout entier.

« Dans les palais des rois où le jour perce à peine,
« Où tout ne s'entrevoit qu'au reflet des flambeaux,
« Nous portons rarement jusqu'aux pieds de la reine
    « Nos larmes et nos maux.

« Mais le vieillard qui souffre et l'orphelin qui prie,
« Comme le pèlerin qui s'abrite au saint lieu,
« Dans leur recueillement s'adressent à Marie,
    « Chaste mère de Dieu.

« Marie a tant d'amour, et cette reine auguste
« Sur les maux de ce monde a gémi tant de fois,
« Que la prier d'abord c'est, pour une âme juste,
    « La plus douce des lois.

« Marie a bien souvent entendu la prière
« Du matelot jeté sur des rochers affreux,
« Où l'autel consacré n'était rien qu'une pierre,
    « L'encens des pleurs nombreux.

« Oh ! vous n'entendez pas sa voix humble et plaintive
« Et vous ne songez pas qu'il est battu des vents ;
« Priez pour lui, priez, il est loin de ma rive :
    « A genoux mes enfants !... »

Et chacun à genoux se précipite et prie,
Le nocher seul debout voit l'abîme des flots,
Et tous les pèlerins adressent à Marie
    Leur pieux cantique en ces mots :

« O Marie, ô bonté, sois propice à sa plainte,
« Rends-lui le sol natal, qu'il tarisse ses pleurs ;
« Il ira chaque jour de ta chapelle sainte
                « Renouveler les fleurs !...

« Il ira dire : Enfants de ma chère patrie,
« Mes frères, je reviens pour aimer parmi vous,
« Et je dois ce bonheur à la Vierge Marie,
         « Qu'on aime à deux genoux.

« Frères, j'ai vu du sang aux rives étrangères
« Engraisser l'herbe impure et mes amis sont morts,
« Et je disais : Mon Dieu, c'est le sang de mes frères
         « Dont tu rougis ces bords !

« J'ai heurté mille fois ma tête sur le sable
« Et la vague a noyé tous ceux que j'aimais tant,
« Mais je n'ai j'amais cru leur âme périssable
         « Et leur âme m'attend.

« Car j'ai prêté ma voix pour chanter l'espérance,
« Et j'ai posé mon doigt sur le corps des mourants,
« Et je n'ai point cherché de quelle récompense
         « Mes soins seraient garants.

« J'aimai parce qu'aimer c'est le bonheur des hommes;
« Parce que Dieu nous aime et veut que nous aimions ;
« Parce que sans amour, sur la terre où nous sommes,
         « Bientôt nous finirions.

« Puis il contemplera ses habits de voyage ;
« Il dira : Bien souvent j'ai bu les flots amers,
« Et mon corps a servi de jouet à l'orage
  « Sur l'abîme des mers.

« O Marie, ô bonté, sois propice à sa plainte !
« Rends-lui le sol natal, qu'il tarisse ses pleurs ;
« Il ira chaque jour de ta chapelle sainte
  « Renouveler les fleurs !... »

Pendant cette oraison, le Strudel on dépasse,
Et nul des voyageurs n'a vu l'affreux chemin,
Car chacun pour prier avait collé sa face
  Dans le creux brûlant de sa main.

Beau Danube, jamais, dans mes lointains voyages,
Je n'ai vu plus de gloire et plus de charité :
Les poétiques chants de tes pieux rivages
  Valent des chants de liberté !

Mansion.

A M. SIDOINE BARRAGUEY.

RÉPONSE A UN SONNET.

Poète, combien douce est votre sympathie !
Vous savez consoler avec grâce et vigueur ;
Vos beaux vers, secouant la plus morne langueur,
Redonneraient l'essor à ma verve amortie.

De mes illusions la dernière est partie ;
Mais pourtant l'âge encor n'a point glacé mon cœur..

Il battra plus joyeux si vous restez vainqueur
Du destin, contre qui j'ai perdu la partie !...

Courage, bon espoir, jeune homme ! les poètes
Trouvent même du charme à chanter leurs défaites,
Plus d'un rayon pénètre en leurs sentiers obscurs.

A défaut du laurier dont votre âme s'enivre,
Vous auriez ce qui calme, et délasse de vivre :
— Les faveurs de la Muse et quelques amis sûrs.

A. Cosnard.

A M. JOSEPH CARSIGNOL.

STANCES.

Carsignol,
Rossignol
Des vertes saulées,
Qui mêles au bruit
Du Rhône qui fuit
Tes strophes ailées ;

Douce voix
Qui parfois
Dans ma solitude
Porte le bonheur
Et la paix du cœur
Et la quiétude ;

Bien souvent
En rêvant
Je parcours ton île,
Cherchant le secret
De ton vers parfait
Dans ce frais asile.

C'est en vain ;
L'art divin,
Le feu qui t'enflamme
N'est pas dans des lieux
Visibles aux yeux :
Il est dans ton âme.

Simon Boiron.

RÉPONSE A M. SIMON BOIRON.

Instituteur primaire à Saint-Just (Ardèche).

Vers le milieu du jour, à l'ombre de la treille,
Accablé de chaleur, je me suis endormi...
Moi qui me croyais seul, oublié !.. qui m'éveille ?
　　Assurément, c'est un ami.

Dans ce frais sanctuaire où je prie, où je pleure,
Oh ! sois le bienvenu, tu n'es pas importun,
Jeune barde ; franchis le seuil de ma demeure :
　　Ici, tout est paix et parfum.

Entends le rossignol, tour à tour lent et preste...
De ce chantre inspiré, sensible, ému, charmant,

Je n'ai que l'humble aspect, le vêtement modeste,
    Et l'instinct de l'isolement.

Il est bien vrai que j'ai sa fière indépendance :
Je ne puis me plier à la servilité ;
Pour unir, dans le vers, la grâce à la cadence,
    La muse veut sa liberté.

Comme ce frêle oiseau, mon émule et mon maître,
Vers le printemps, alors que le vent amoureux
Se fait tiède, et qu'aux champs la rose est près de naître,
    Je revis, je me sens heureux.

A tout prix il me faut de l'ombre et du mystère ;
Je ressens la pudeur qu'éprouve le banni ;
J'ose à peine parler, et je ne puis me taire ;
    Fini, je chante l'infini.

Je suis le rossignol, tu l'as dit, cher poète :
La foule me fait peur et j'évite le bruit ;
Un rayon de soleil me met le cœur en fête,
    Et mon amante, c'est la nuit.

Pour rendre l'hymne à Dieu permanent et durable,
Pendant que tout se tait et goûte le repos,
Je veille, et du gosier d'un être périssable
    Les notes s'élèvent à flots.

Dans l'air et dans l'azur j'ai fixé mon empire ;
Des roses et des lis se compose ma cour ;
Pour soupirer je vis, ce semble, et je respire,
    Et mon cœur palpite d'amour.

J'aime le laboureur à l'existence austère :
Il converse avec moi dans ses moments d'ennui ;
Je ne dérobe pas le grain qu'il jette en terre ;
    Mes jours s'écoulent près de lui.

J'ai le mal du pays, mon âme est inquiète ;
Je songe, bien souvent, dans le nid paternel,
A cette région, exempte de tempête,
    Où le printemps est éternel.

Je plais au malheureux, et ma voix douce et tendre
Ranime l'espérance et calme les regrets ;
Le pèlerin s'arrête et s'assied pour m'entendre,
    Plus dispos, il chemine après.

Oui, cher Boiron, je suis le rossignol sauvage,
Passionné, timide, aux élans si hardis ;
Mais toi, dont les accents ont charmé ce rivage,
    Tu seras la fauvette, dis.

Toi qui chantes si bien, fauvette gracieuse,
De qui la mélodie est pleine de douceur,
Ta voix me plaît, pourquoi rester silencieuse ?
    Dis ta chansonnette, ma sœur.

Fauvette, c'est le ciel qui dans ce jour t'envoie...
Ensemble et tour à tour il est doux de chanter :
Moi, je dirai ma plainte, et tu diras ta joie ;
    Si tu veux, nous allons lutter.

Non, non, dans ce tournoi tu me vaincrais sans doute ;
Non, non, de mon honneur je veux avoir souci :
Je ne veux pas lutter ; chante, toi, moi j'écoute ;
    Vois ces rosiers, demeure ici.

La nature, à coup sûr, a le don de te plaire,
Et les cités n'ont rien qui puisse te charmer :
Il te faut l'air, l'espace, un nid près de l'eau claire,
    De jolis petits pour aimer.

Oh ! si, du lieu natal, volage, aventureuse,
Tu devais t'éloigner et t'arracher un jour,
Songe à nous, au coteau de ton enfance heureuse,
    Et hâte l'instant du retour.

Ne va pas imiter notre sœur l'hirondelle,
Qui se complaît à vivre en d'étroits horizons,
Qui, se jouant dans l'air, frôle, du bout de l'aile,
    Le mur raboteux des maisons.

Dieu te donna la voix, tu ne dois point te taire,
A chanter le Seigneur tu ne dois pas faillir.
Tiens les hauts lieux, ton aile en touchant à la terre
    Courrait risque de se salir.

                          Joseph CARSIGNOL.

AUX ILES SAINTE-MARGUERITE.

XVIIe siècle.

I.

Sous ce bandeau de fer, — prison, prison infâme !
Nul ne peut m'approcher... leur frayeur le défend...
A moi n'arrivent point les accents d'une femme,
   Pas même la voix d'un enfant !

Je suis seul, toujours seul !... Et, dans ma peine amère,
Je ne saurais prier, car je maudis le jour...
Moi, de pas un ami je n'attends le retour !
Moi, je n'ai pas connu les baisers d'une mère,
Et pour elle, ô mon Dieu, j'aurais eu tant d'amour !

      Mais quel fut donc mon crime,
      Avant d'être en ce lieu ?...
      Punit-on la victime ?...
      Et depuis quand, mon Dieu ?...
      Nul remords ne m'accable ;
      Réponds, oh ! réponds-moi :
      Dis, quel est le coupable ?...
      Ou je doute de toi !

      Au bas de la tourelle,
      Quand je vois des soldats,
      Mon regard étincelle, —
      Et je rêve combats...

Suis-je né près du trône?...
Réponds, oh ! réponds-moi,
Dis, qui prit ma couronne?...
Ou je doute de toi !

Mais pardonne, ô mon Dieu, pardonne un tel blasphème,
Car ma tête s'égare, et cependant je t'aime !
Hélas ! pardonne-moi....Sous ce masque de fer,
J'ai déjà tant pleuré ! j'ai déjà tant souffert !

II.

Le jour s'enfuit ; allons, couchons-nous ; voici l'ombre.
De mes gardiens, bientôt, ils vont doubler le nombre...
La cloche, tout au loin, dans l'air vient de gémir...
Que je serais heureux, si je pouvais dormir !

Une nuit, —je rêvais ! sous de vertes charmilles,
    Là, sur des tapis de gazons,
    Là, je voyais de jeunes filles,
Je les voyais !... j'entendais leurs chansons.
Je leur disais : « Rien qu'à votre parole,
    Oui, ma douleur s'envole,
    Et j'ai tout oublié :
    Les tourments de ma vie,
    Ma liberté ravie...
    Oh ! restez, par pitié ! »

Et ce n'était qu'un songe !...
Mais un divin mensonge,
Car, alors, j'oubliais,
J'aimais, et je priais !

III.

L'ombre grandit toujours, et l'étoile rayonne ;
De diamants la nuit parsème sa couronne ;
La lune aux doux reflets, là-bas, va se lever...
Que je serais heureux, si je pouvais rêver !

Mais, je ne rêve plus, tant mon âme est flétrie !...
Rends-moi, mon Dieu, rends-moi la liberté chérie !
Toi seul, toi seul es grand ! tu peux me secourir...
Que je serais heureux, si je pouvais mourir !

Emile BARATEAU.

RÉPONSE
A Emile Delteil

1.

Ami, votre pensée est grande, — elle ranime
　　L'esprit qui se prend en pitié ;
　　L'amitié, pour être anonyme
　　N'en est pas moins de l'amitié....
Elle a plus d'indulgence, elle est plus économe
De conseils, de critique... — Elle voit, en deux mots,
　　Le poète et non pas l'homme,
　　Les qualités, non les défauts ;
Mais elle est plus changeante, et tel nom qu'elle nomme
Aujourd'hui, doit mourir demain, faute d'échos.

Voir la livraison du 1er octobre 1858 : *Les Amis inconnus*.

21

Alors, j'aime bien mieux l'ami connu, qui panse
    Les blessures que les ingrats
    Font au poète, et tend les bras
      A la gloire en déchéance.

Mon reproche va droit aux amis inconnus
    Qui désertèrent le plus digne
      Des poètes : Delavigne !

Spectateurs oublieux, que sont-ils devenus ?
Ont-ils su demander qu'on remît au théâtre
    Tant de chefs-d'œuvre délaissés ?
Non — Et c'est tout au plus si, l'hiver, près de l'âtre,
Ils relisent ces vers jadis tant caressés !

Et Lamartine ? a-t'il fallu de la réclame
    Auprès des amis inconnus,
Pour tirer de leur sac quelques maigres écus,
    Et pour réveiller en leur âme
Le souvenir dormeur des services rendus ?

II.

Les amis inconnus... — *La Muse des Familles*
    Me les fait comprendre et chérir.
    Aimable recueil, qui fourmilles
    De vers si doux à retenir
    Tu réunis dans un commerce
    De cœur, d'esprit et de travail
Les poètes épars... — Et chacun d'eux se berce
De l'espoir de compter des amis au bercail.

On ne s'est jamais vu, jamais parlé... — n'importe !
On se lit, on se sait, on s'appelle... — Et demain,
  L'un d'eux franchirait ma porte
  Que je lui tendrais la main.

III.

— Eh ! oui je vous connais très-bien *Paul Saint-Olive*,
La lèvre est ironique et le regard moqueur ;
Le trait frappe à propos, la répartie est vive,
La satire à la bouche.... et l'indulgence au cœur.

— *Gabriel Monavon*, vos vers sont pleins de charmes,
Un *bon ange gardien* vous fit *Le don des larmes*.

— *Chervin*, vous êtes jeune et grave — vous avez,
Par *la Muse*, accompli des plans longtemps rêvés ;
Vous vouliez — n'est-ce pas ? — voir s'ouvrir une arêne
De vaillants écrivains... — La poésie est Reine,
Elle a pour Moniteur *la Muse de Lyon*.

— *De Charny* doit tenir de l'aigle... et du lion.

— *Joséphin Soulary*, réveillez-vous... du zèle !...
Le Sonneur vous oblige... allons...

      — Mademoiselle
Clotilde Jantet donne, à qui doute, la foi
Et mêle la prière à ses rimes...

      — Pourquoi,
O chantre d'Elisa Mercœur, soldat-poète,
Rollin, pourquoi laisser votre lyre muette ?

Ah! bonjour, *Delamare* — un bon père, qui rit
Aux baisers de sa fille, aux sourires d'Henri.

Salut à *Vingtrinier*, l'auteur des *Voyageuses*,
A qui *le Bugey* doit bien des heures heureuses.

Voici *Berlot-Chapuit* — fabuliste nouveau,
   Avec quel goût il mit en gerbes
      Les Proverbes !
De morale et d'esprit quel élégant faisceau !

Sans nous connaître, bref! nous faisons connaissance
Deux fois par mois... bien plus, nous avons, mes amis,
   L'honneur de nous trouver admis
   Près des poètes de naissance,
   Nous, les poètes par hasard.

   Nobles représentants de l'art
   De penser, de plaire, et d'écrire
Deschamps, Edouard Plouvier, Ségalas sont venus
A l'appel de *la Muse*, et nous osons nous dire
   Leurs amis inconnus.

Alexandre FLAN.

LA VIE ETERNELLE !

A la mémoire de mon Père !

Regrets ! — que tout nourrit dans mon âme flétrie,
   De l'espoir êtes-vous la voix ?...
   Vous qui me prenez à la fois
Et l'amour de mon Père — et son ombre chérie !

>   Vous qui survivez au trépas
> Pour ranimer encore... une image perdue !
> Chers regrets !... Répétez à mon âme éperdue : —
>   Non ! Non ! La mort n'est pas !...

> L'espoir dit le secret de vos métempsycoses,
>   Brises, qui chantez dans les fleurs !
>   Cyprès que font naître nos pleurs !
> Germes qu'un seul printemps vient couronner de roses !
>   Vos murmures ne sont-ils pas
> Les adieux de mon Père — à mon âme perdue !
> O brises ! portez-lui ma douleur éperdue !
>   Non ! Non ! La mort n'est pas !...

> Frais gazons ! Humble fleur qui cachez la poussière
>   Qu'anima le cœur le plus beau !
>   Pour réchauffer même un tombeau
> Je transfigurerai votre vie éphémère !...
>   La mort peut nous briser — hélas !
> Comme le père aimé !... que mon âme a perdu !...
> Mais vos parfums diront à mon cœur éperdu :
>   Non ! Non ! La mort n'est pas !...

> Sur vos pâles débris la mort se remémore
>   Les trésors éteints du passé !...
>   Votre coloris éclipsé
> Fut un verbe de Dieu — dont le chant vibre encore !...
>   Aussi la foi vient sur nos pas
> Ranimer de ses feux son image perdue !...
> Et la voix de mon père à mon âme éperdue
>   Dit : Non ! La mort n'est pas !...

Non! Non! La mort n'est pas! Ce n'est plus un mystère!
  Je le sens à mon Souvenir!
  Lui! — qui peut encor réunir
Mon cœur neuf en ce monde à l'ombre de mon père!
  Mon père! vous laissez ci-bas
Deux femmes gémissant, — et deux fils éperdus!...
Votre âme et votre cœur, ils nous serons rendus!
  Non! Non! La mort n'est pas!

Vole par la prière, ô ma tendre pensée!
  L'amour guidera ton essor!
  Vers le ciel où mon père encor
Contemple la douleur de mon âme oppressée!
  Qui vient m'apporter ici-bas
Son amour paternel que Dieu nous a rendu!...
Viens redire sans cesse à mon cœur éperdu:
  Il vit!... La mort n'est pas!...

      Vicomte de Charny.
      (Kuntz de Rouvaire.)

LA GLOIRE.

A mon ancien ami Théophile Gautier.

SONNET

Théo, la Gloire habite une montagne à pic,
Où nul ne peut grimper s'il n'a souffle ni force.
Combien de malheureux, que cette Fée amorce,
Retombent, inconnus, sur le pavé public!

De sa chute navré, l'un prend de l'arsenic ;
L'autre, rendu mauvais par une grave entorse,
Voue à qui réussit une haine de Corse,
Celui-là : pauvre oison ! celui-ci : vil aspic !

Il en est, toutefois, qui, perdant l'équilibre,
N'en ont pas moins l'œil net et le jugement libre,
Et, cerveau reposé, cherchent un autre emploi.

De la plaine, où l'attache un pas lent et timide,
Te voyant, au sommet, chez la brillante Armide,
Le soussigné te crie : « Embrasse-la pour moi ! »

Prosper Delamare.

A MADEMOISELLE P.....

Peintre en portraits et paysage.

SONNET.

Dès que je vois vos jolis doigts de rose
Si gentiment manier des pinceaux,
Je ne saurais qu'admirer, et je n'ose,
Docte beauté, critiquer vos tableaux.

Votre talent, m'a-t-on dit, se propose
De faire éclore, à force de travaux,
Quelque œuvre d'art, suave et grandiose,
Dont soient jaloux rivales et rivaux !

Quoi ! votre esprit se met à la torture,
Pour ajouter à l'art de la peinture
Une merveille au ravissant effet?

J'aplanirai votre embarras extrême
En vous offrant un modèle parfait :
Veuillez poser et vous peindre vous-même !

Honoré GARNIER.
Ancien sous-commissaire de marine.

L'EGLISE DE MOUTONNE

(JURA)

Dédié à Monseigneur de Saint-Claude.

I.

Pourquoi donc, pauvre Châtelet, (1)
Ne pas placer sur ton sommet
Une simple et modeste église?
Celle qu'on nous avait promise
Y ferait un si bel effet !
Sa petite flèche pointue
Sans aller tourmenter la nue,
A chaque passant dans ce lieu
Se plairait à parler de Dieu.
Antique Céseria (2) ta route est délaissée,
L'enfant n'y peut porter ses pas,

(1) Petite montagne dépendante du château de Moutonne sur laquelle la commune désire bâtir une église.
(2) L'ancienne paroisse.

Pendant la neige, les frimas,
Ou quand l'onde y court empressée.
Le vieillard se dit : C'est trop loin !
Et le jour des saintes prières,
En s'attristant sur ses misères,
Il reste isolé dans son coin.

Si l'église gisait tout proche du village,
Le vieillard et l'enfant, chaque sexe, chaque âge,
Au saint jour du Seigneur, gaîment la remplirait,
Et du pasteur heureux la voix s'animerait.
Elle reste étouffée au sein de sa poitrine,
Où son cœur attristé verse des pleurs amers.
Quand voulant anoncer la parole divine,
Du temple du Seigneur il voit les murs déserts.
Venez dans le lieu saint unis par la prière,
Dieu vous exaucera. Lorsqu'on nous parle ainsi,
Pourquoi nous refuser un simple sanctuaire
Que nos cœurs et nos bras élèveraient ici ?
Seras-tu donc toujours sans Dieu, pauvre Moutonne ?
Ton cœur indifférent offensa l'Eternel,
Et dit pour te punir qu'il te prive d'autel.
Reviens à lui, reviens, afin qu'il te pardonne ;
Surtout, pas de révolte envers l'autorité ;
Mais demande ardemment que le Seigneur l'éclaire,
Depuis dix ans, ta voix réclame un sanctuaire ;
Dieu te le donnera si tu l'as mérité.

II.

Ange de l'Espérance, ô divin Séraphin,
La douleur qui m'oppresse aura-t-elle une fin ?

— Oui, m'as-tu répondu de ta voix douce et tendre.
Ne cesse de prier, puis, soumis, sache attendre.
Du Châtelet, Moutonne, au dessus de tes toits
En protectrice un jour s'élèvera la croix.
Tu verras dans ton sein bénir chaque alliance,
Ta population s'accroissant par degré
Dans tes champs fortunés répandra l'abondance,
Et par Dieu béni, tout aller selon ton gré.
Le père sera juste, et bon pour sa famille,
L'enfant sera soumis aux auteurs de ses jours,
     Le garçon et la jeune fille
Avec plaisir travailleront toujours,
Sachant que le travail est une loi suprême,
Que le labeur de l'homme est béni par Dieu même.
Et dans chaque foyer l'étranger pourra voir
Et la joie et la paix compagnons du devoir.
Le soir, le voyageur attardé sur la route,
Vers l'église en passant jettera son regard.
Il y verra, joyeux, s'acheminer, sans doute,
Une grand mère infirme, un enfant, un vieillard.
Elle sera si près, cette église modeste,
Que sans nuire au travail, à toute heure on pourra
Aller s'y recueillir. Notre voyageur leste
Y monte réciter un *Ave Maria*.
Par cet acte de foi, sa course est protégée,
La communion des Saints t'en a fait profiter
Oh ! quand entendrons-nous une cloche chargée
D'annoncer en ces lieux que l'on doit réciter,
Trois fois par jour, cette douce prière !
Quand Dieu le permettra. Prie et surtout espère.

                         Sophie BALLYAT.

IL EST SI DOUX D'AIMER !

Heureux l'homme ! quand il épanche
Les doux mystères de son cœur.
Parfum, rosée ou perle blanche,
L'amour est un don du Seigneur.
Sur les ailes de la prière,
Son âme en Dieu va s'abîmer
Dans l'oubli des bruits de la terre.
    Il est si doux d'aimer !

Dans la nature, en toutes choses,
L'amour invite à ses banquets :
Le papillon aime les roses,
Le rossignol les frais bosquets.
Et le soldat, race aguerrie,
Qu'un plomb mortel vient désarmer,
Songe en mourant à sa patrie.
    Il est si doux d'aimer !

J'aime l'oiseau dans la ramure,
Gazouillant sa vive chanson,
Et l'eau qui fuit, tranquille et pure,
Jasant sur un lit de cresson.
J'aime le caressant zéphire ;
Par lui je me sens ranimer :
Des cieux il est le frais sourire.
    Il est si doux d'aimer !

Dans les blancs contours de ses langes,
Soutiens de ce frêle arbrisseau,
Le jeune enfant, qui rêve aux anges,
Repose en son moelleux berceau.
Sa bonne mère, ouvrant son âme,
De noms chers aime à le nommer,
Quel bonheur pour la tendre femme !
    Il est si doux d'aimer.

Aimer ! aimer ! en cette vie
Est-il plus précieux trésor ?
Des cœurs, à l'abri de l'envie,
C'est le beau ciel, émaillé d'or.
Loin, de Plutus les vils apôtres
Que l'argent seul fait enflammer !
Chérissons-nous les uns les autres :
    Il est si doux d'aimer !

BERLOT-CHAPPUIT.

LA MORT.

SONNET.

A M. Emile Grimaud.

Aux siècles passés la mort était belle
Quand la vie était le chemin des cieux.
Qu'on versait son sang pour la Foi nouvelle
Et qu'on s'élançait gaîment aux Saints-Lieux.

Aux siècles passés la mort était belle,
Quand pour sa patrie on tombait joyeux ;
Et qu'à ses serments, à l'honneur fidèle
Une douce main vous fermait les yeux.

Aux siècles présents la morts est ignoble :
On cote l'honneur au prix d'un vignoble ;
On se fait fouetter pour un simple écu,

Pour un ruban rouge on vendrait son âme,
On fait de sa fille un trafic infâme
Et l'on meurt fripon comme on a vécu.

Louis Audiat.

A LA MÉMOIRE DE MADAME Ve GUÉRIN.

Peu de jours écoulés, grave et silencieux
Dans sa marche pompeuse, un convoi mortuaire
Franchissait lentement le parvis des saints lieux
Qui nous attendent tous à l'heure funéraire.

Sur les fronts découverts, à ce triste moment
Où vient mourir le flot des passions humaines,
On voyait le respect s'incliner doucement,
Honneurs publics rendus aux vertus souveraines !

A qui s'adressent donc ces regrets superflus?
Ce deuil, ces chants sacrés dans la lugubre enceinte ?
C'était pour un cœur simple, une femme, une sainte,
Dont l'âme rayonnait au séjour des élus.

Un ange de la terre au céleste message,
Dont les trésors servaient la générosité :
Femme dont la beauté du cœur n'avait pas d'âge,
Mère dont la famille était l'humanité.

Elle avait bien compris, cette âme évangélique,
La noble mission des riches ici-bas :
Le dévoûment guidait sa nature angélique ;
L'humilité voilait la trace de ses pas.

C'est qu'en elle brûlait une flamme divine ;
La charité du Christ était sa douce loi ;
Des pauvres cœurs blessés elle arrachait l'épine ;
Ses doigts étaient pleins d'or, son esprit plein de foi.

La foi, c'est le foyer où tout amour s'allume ;
C'est le chaste berceau de nos rêves d'enfant ;
C'est le bonheur des jours quand le temps les consume ;
C'est le dernier soutien de nos derniers moments.

Dix-sept lustres de bien enrichirent sa vie,
Car l'aumône est un grain qui germe dans les cœurs ;
Richesse préférable à celle qu'on envie,
Dont ses dignes enfants sont déjà successeurs.

Cette terre d'exil que l'homme aveugle fouille,
Ce domaine de Dieu dont nous sommes vassaux,
Couvre en paix maintenant sa mortelle dépouille ;
La poussière des morts appartient aux tombeaux.

Mais l'âme délivrée appartient à l'espace ;
Son souffle pur retourne à la divinité,

Et sous l'astre éternel que nulle ombre n'efface,
Va s'inonder d'amour et d'immortalité.

Puisqu'ici tout s'éteint, et fortune et misère ;
Puisque les vrais trésors sont les biens à venir ;
Heureux qui garde un cœur où chaque homme est un frère,
Heureux qui laisse un nom que chacun peut bénir.

Jules Forest.

A LA PETITE MARIE C....

Sous le toit qui t'abrite entouré de verdure
Comme un nid dans l'ombrage où tout chante et murmure !
Sur ton seuil embaumé de parfums et d'amour,
Un jour je vins m'asseoir et mon âme attendrie
Auprès de toi puisa des flots de poésie
Et je sortis meilleur de ton riant séjour.

Eden semé de fleurs où ta mère chérie
Heureuse te contemple à son sein endormie,
Là, plus d'un cœur aimant vers toi prend son essor;
Chacun donne un sourire à ta moindre caresse ;
Là, le jour et la nuit, te berce la tendresse
De tous ceux dont ta vie est le plus doux trésor.

Là, tout charme le cœur; là tout plaît à la vue,
Lyon, la cité-Reine, à tes pieds étendue !
Les Alpes au lointain bornant ton horizon !
Fourvière à tes côtés, d'où ta sainte patronne
Te protége et bénit tout ce qui t'environne
Quand vers elle pour toi vole mainte oraison !

Là, l'auteur de tes jours, en philosophe sage,
Du monde qui s'agite en paix brave l'orage.
Au sein de sa famille enfermant son bonheur,
Tour à tour, fils pieux autant que tendre père
Il se penche embrassant son enfant et sa mère
Que tous deux il confond dans les plis de son cœur !

Ton aïeule revit en admirant tes charmes ;
Sous quatre-vingts hivers ses yeux brillent de larmes ;
Les feux de ton aurore éclairent son déclin,
Et quand son front ridé touche ton front de rose
On dirait que le Temps sur sa faulx se repose,
Pour contempler le soir s'unissant au matin !

Versez, anges des cieux, au berceau de Marie
Les biens que vous puisez à la source nifinie ;
Dans son âme épanchez vos doux rayons de miel,
Gardez-la sous votre aile au bien seul asservie,
Donnez-lui de longs jours, et qu'au soir de sa vie
Vos mains tressent pour elle une couronne au ciel !

. . . .
. . . .

Sous le toi qui t'abrite entouré de verdure
Comme un nid dans l'ombrage où tout chante et mur-
Sur ton seuil embaumé de parfums et d'amour [mure !
Un jour je vins m'asseoir et mon âme attendrie
Auprès de toi puisa des flots de poésie
Et je sortis meilleur de ton riant séjour !

Perrin aîné,
Ouvrier tisseur.

Le Gérant, Gauthier.   Typ. d'A. Vingtrinier.

LE SITE OMBREUX.

<small>Scène de la vie intime.</small>

Que vous êtes heureux d'avoir une retraite
Dans un site ombragé, charmant nid de fauvette
Eclos sous les buissons, délicieux abri
Où le ruisseau jaseur baigne un tertre fleuri !
Avoir une campagne, une pelouse verte,
Un séjour où l'on tient table toujours ouverte,
Voilà mon rêve d'or ! c'est joli, n'est-ce pas?
— Parbleu ! c'est ravissant ! allons-y de ce pas…

C'est ainsi, les regards tournés sur les grands ormes
Qui dérobent nos toits par leurs cimes énormes,
Que madame Dubois, d'un ton prétentieux,
S'exclamait : « Que le ciel vienne en aide à mes vœux ! »

Chère dame, vraiment! vous aimez la campagne ?
Répondis-je aussitôt à la belle compagne
De ce bourgeois dandy, famille du rentier,
Dont la fière tenue agace son portier.
Dam! les jours d'apparat et de cérémonies,
Il porte du beau linge et des bottes vernies.
Vous aimez la campagne? Eh bien! permettez-moi
D'en douter... suis-je franc? certes, de bonne foi,
Voit-on l'hôte des champs, le pur sang de village,
Dans les chauds jours d'été, se coucher à l'ombrage
De peur que le soleil lui brunisse le teint,
Et craint-il, en hiver, les noirs froids du matin ?
Oh! de nos frais pourpris, vous l'avouez, Madame,
Vous voyez les loisirs dans un autre programme.
« J'aime, la matinée, étendue en mon lit,
Ecouter les romans que ce bon Dubois lit
D'une sonore voix, et surtout sa manière
De parler des travaux de la mode dernière.
C'est bon, pour une fois, d'assister au réveil
Des champs, et d'interrompre, un moment, son sommeil,
Pour aller, se baignant à l'humide rosée,
Risquer un rhume; aussi, j'entr'ouvre la croisée
Quand le soleil est haut. » — Eh! je n'invente rien,
Vous teniez ce langage à l'oncle Cyprien.

« On s'habille à son aise, on déjeune. » — A merveille !
Cela vous plaît !.. Doux fruits, bons vins, fraise vermeille
Excitent l'appétit, à Paris toujours lent,
En éveillant sans frais l'estomac indolent.
Enfin, lorsqu'on est las de rouler sa serviette,
On avise aux moyens de changer de toilette.
Jusque là, pas grand mal,.. mais, entre nous, le pis

N'est-il pas de tenir l'absent sur le tapis?
Car, à peine au salon votre esprit s'émoustille
Comme dans le cristal un vin mousseux pétille.
Un tel eut-il au cœur des élans généreux?
C'est un prodigue !... Allons, c'est par trop rigoureux.
Semble-t-il économe? ah, fi! le vieil avare !...
J'en passe, et des moins bons. Que sert de crier gare,
Quand certaine rivale en parure, en beauté,
Est prise en vos filets? quelle causticité !...
Votre verve, frappant et d'estoc et de taille,
L'abandonne en lambeaux sur le champ de bataille.

La satire mordante entre aux champs avec vous.
Et le gandin Dubois, ce cher et digne époux
De qui les goût aussi n'ont rien de bucolique,
Voudrait-il aux accents du trouvère rustique
Mêler sa voix d'orgueil? non, non, pas si grossier !
L'écho d'argent n'est pas fait pour l'écho d'acier.
Dieu ! qu'il aime les champs !... lorsqu'il est en voiture.
Mais l'hôte des vergers, l'amant de la nature,
Voit d'un autre regard nos paisibles coteaux,
Le chaume ourlé d'iris des paysans rougeauds,
Les sommets couronnés de festons de bruyères,
Les grands saules penchés sur le flanc des rivières :
Tout captive ses yeux, tout charme ses loisirs,
Et semble lui créer mille nouveaux plaisirs.
Que lui fait le babil empreint de médisance
Et les subtils propos d'une absurde jactance?
Homme sage, il préfère, et j'approuve son cœur,
Aller entretenir l'honnête travailleur
De l'art de propager une nouvelle plante.
Loin de s'inquiéter de la mobile rente,

D'engraisser ou maigrir aux chances des tripots,
Il enferme sa vie en son modeste enclos.

Voilà l'homme des champs, le citoyen utile,
Riant de ces caquets, sots échos de la ville,
Mais qui, tenant toujours la bêche ou le rateau,
Se plaint, même en été, que la nuit vient trop tôt.
Ah ! le bonheur n'est point en la joie éphémère,
Que certain gai viveur trouve au fond de son verre :
Oui, le bonheur des champs ne veut pas de Paris
Les modes, les banquets, les jeux et les vains bruits.

Berlot CHAPUIT.

L'ÉTÉ DE LA SAINT-MARTIN.

(SONNET).

Quelquefois, sous un ciel au tiède Eurus ouvert,
Novembre a ses soleils, été rapide et chauve
Où, parmi les rameaux dont le feuillage fauve
S'éclaircit, apparaît le spectre de l'hiver.

Alors, pour oublier ce front de deuil couvert,
L'année, en folâtrant, sur les herbes se sauve,
Et tresse une couronne avec la pâle mauve,
Et l'œillet encor rose et le thym encor vert.

Telle, au soir de la vie, il semble que renaisse
Pour plusieurs, une courte et seconde jeunesse,
Où le soleil d'amour brûle comme à midi.

Et le cœur qui dormait, se hâtant à revivre,
Chante à toutes les fleurs son réveil, et s'enivre
D'un nectar que, demain, l'âge aura refroidi.

Émile Deschamps.

FO MISS SOPHIA M***.

(LE JOUR DES MORTS).

A cette heure où ceux qui survivent
Vont aux funéraires bosquets,
Et, pieux pèlerins se suivent
Avec des pleurs et des bouquets :

Nièce et filleule de ma femme,
Toi qui gardes son cher souci,
Je veux, au nom de sa pauvre âme,
T'adresser un profond merci !...

Jeune fille, en qui tout rappelle
Son nom, sa grâce, ses discours,
Toi, qui te fais aimer comme elle,
Dieu te donne de plus longs jours !...

— Tout enfant quand Dieu fit ma peine,
Tu sais aujourd'hui mieux qu'alors
Que la fête de ta marraine
Se célèbre le jour des morts.

Tu sais le chemin qu'il faut prendre,
A travers la morne cité,

Pour arriver jusqu'à sa cendre
Sous le hêtre que j'ai planté....

Une couronne est là bénite
Parmi les fleurs et les rameaux,
Funèbres cartes de visite
Qu'on dépose sur les tombeaux...

La couronne avec sa devise
M'a pénétré d'un vif émoi...
Je n'ai pas su qui l'avait mise,
Mais mon cœur me dit que c'est toi !

A. Cosnard.

LE CHRIST (1).

A M. H. La.......

Depuis deux mille ans ce qui pense
Vers ton nom adoré s'élance,
Christ! depuis deux mille ans le burin, le pinceau,
Te crée avec sa forme un front jeune et nouveau !
Toujours ton nom sacré vient enflammer l'artiste ;
Dans tout cerveau de feu ton ombre sainte existe ;
On t'essaye, on t'appelle, on te voit, on te sent ;

(1) Les Muses sont sœurs, et heureusement pour nous. Dans un de nos derniers numéros nous offrions à nos lecteurs une pièce de vers de Mme Anaïs Ségalas ; aujourd'hui c'est à Mme Hermance Lesguillon que nous adresserons nos remerciments pour deux pièces délicieuses dont elle a bien voulu nous donner les prémices.

Ton visage est partout quoique toujours absent ;
Pas un ne t'a touché, grand Christ, en ta lumière ;
Pas un ne t'a connu dans ta beauté première ;
Pas un ne t'a parlé ! mais tous sous leurs couleurs
Ont composé tes trais des divines pâleurs.

Gloire à vous, jeune artiste, au pinceau populaire,
Qui ne nous tracez pas un homme-Dieu vulgaire,
Vague dans ses contours, vague dans ses douleurs !
Gloire à vous, créateur qui peignez son image
    D'après son sublime héritage
   A tout ce qui verse des pleurs.

Gloire à vous qui, du Christ élevant l'auréole,
Le montrez lumineux sous son mortel symbole,
    Esclave courbant les genoux !
Gloire à vous qui cherchant l'enfant dans son étable
Y revoyez, grandi, notre Christ charitable
    Qui se fait homme comme nous !

C'est bien ainsi qu'il fut ce Jésus magnanime !
Il se fit volontaire et docile victime,
Pour s'offrir en spectacle au monde qu'il sauvait ;
Il dépouilla sa gloire, il naquit misérable,
Afin d'initier sa pensée équitable
    Aux maux du peuple qu'il suivait !

Abdiquant son bonheur et sa grandeur suprême,
Né de pauvres parents, il fut pauvre lui-même
    Ce riche de l'éternité !
Il renonce aux trésors et de sa main divine

Il façonne le bois, sous le fardeau s'incline,
    Patient dans l'obscurité!

Ouvrier, il travaille, il accomplit sa tâche ;
Pendant trente ans soumis on le voit sans relâche
    User ses jours, gagner son pain !
L'humilité profonde est le lot qu'il préfère ;
Le petit est son fils, le modeste est son frère ;
Il les nourrit d'amour, il les couvre de lin.

Lorsque le fils de Dieu tout à coup se révèle,
Quand de simple artisan c'est le Christ qu'il s'appelle,
    C'est parmi des pauvres encor
Qu'il choisit ses élus, qu'il nomme ses apôtres ;
De simples bateliers vont enseigner les autres ;
    Et le plomb vil se change en or !

Sa forme est la misère et son fond la richesse !
Son vêtement la honte et son cœur la tendresse ;
    Sa magnificence est l'amour !
Il aime ce qui souffre, il aime ce qui pleure ;
Il édifie en lui le pauvre en sa demeure ;
    Et donne à l'âme son vrai jour.

C'est mutilé, meurtri, ruisselant sous les larmes
Qu'il se montre à nos yeux ! ses vrais et nobles charmes
    Sont les traces de ses douleurs ;
Quand notre esprit le rêve il le voit sous ses chaînes,
Sanglant et macéré des tortures humaines,
Tel que vous l'avez peint sous vos vives couleurs.

Gloire à vous ! votre Christ est une œuvre puissante,
Dans ses yeux éloquents parle une âme éloquente
    Dont les cris sont l'humanité !
Gloire à vous ! l'homme-Dieu porte bien nos souffrances
Du milieu de ses pleurs montent nos espérances,
    Et sa chaîne est la liberté !

Hermance LESGUILLON.

LA FOI, L'ESPÉRANCE ET LA CHARITÉ.

Au chevet d'un berceau, se penchant tour à tour,
Trois anges à genoux se tenaient en silence,
Entourant à la fois, de longs regards d'amour,
Deux enfants endormis, symboles d'innocence.
Un nuage d'azur, aux rayons transparents,
Environnant leurs fronts d'une sainte auréole,
Répandait autour d'eux un doux parfum d'encens :
Quand, soudain, le premier prit ainsi la parole :

  Il est un Dieu tout-puissant, immortel ;
Seul, il peut d'un enfant exaucer la prière,
    Priez, enfants, la Foi sincère
    Vous ouvrira le ciel.

Le second s'approcha ; sur cet heureux berceau,
Il voulut déposer sa sublime prière,
Il toucha les enfants de son divin bandeau,
Et, l'on vit quelques pleurs briller à sa paupière ;
Mais au fond de son cœur comprimant ses sanglots,
Des misères du monde il voulut les instruire

Et se penchant vers eux, il murmura ces mots
Qu'adoucissait encore un céleste sourire :

Dieu vous attend au séjour éternel ;
Espérez-donc, enfants, méprisez la souffrance,
Invoquez-le, car l'Espérance
Vous ouvrira le ciel.

Enfin vint le dernier, l'ange de Charité ;
Son regard exprimait la plus vive tendresse.
Jetant sur les enfants des yeux pleins de bonté,
Il posa sur leurs fronts une double caresse ;
Puis, étendant les mains afin de les bénir,
Il implora sur eux la clémence divine
Et, pour les préserver des périls à venir,
Deux fois il répéta d'une voix argentine.

Chassez aussi tout sentiment cruel,
Au riche bienfaisant mon Dieu toujours pardonne.
Donnez, enfants, car une aumône
Vous ouvrira le ciel.

CHAMPLY.

MARINE.

Larguons toutes nos voiles ;
Sillonnons les flots bleux ;
Les cieux
Allument leurs étoiles
Pour nous montrer l'abord
Du port.

I.

Là, m'attend la famille,
Mon petit Jean, ma fille,
Ce doux rêve en sa fleur.
Sous les yeux de leur mère,
Ma Jeanne, et son vieux Père,
Mon ami, mon bonheur !
Oh ! revoir la patrie
C'est renaître à la vie,
C'est retrouver son cœur.

   Larguons toutes nos voiles.
   Sillonnons les flots bleus,
      Les cieux
   Allument leurs étoiles
   Pour nous montrer l'abord
      Du port.

II.

Je dirai dans nos veilles
Les sublimes merveilles
Qui révèlent un Dieu ;
.... — Aurores boréales,
Noirs ouragans, rafales,
Foudres, éclairs de feux,
Et vous, profonds abîmes,
Vagues aux grandes cimes,
Oh ! sans regrets, adieu !

   Larguons toutes nos voiles,
   Sillonnons les flots bleus ;

Les cieux
Allument leurs étoiles
Pour nous montrer l'abord
Du port.

III.

Un mouchoir se déploie,
Oh! contiens-toi, ma joie,
Mon cœur va s'en aller ;
Du rivage partie,
C'est une voix amie
Qui me vient appeler ?...
O bonne et sainte Vierge,
Sur ton autel un cierge
Tous les jours va brûler.

Larguons toutes nos voiles,
Sillonnons les flots bleus ;
Les cieux
Allument leurs étoiles
Pour nous montrer l'abord
Du port.

Adolphe CATELIN.

A MADAME HERMANCE LESGUILLON

En lui offrant des violettes de Parme.

O vous qui n'avez pas, en détournant la tête,
Comme un vulgaire impie accueilli le poète,

Qu'attend presque toujours le sarcasme moqueur ;
Puisque vous n'avez pas pour lui de ces mots rudes,
Et que le tendre accent de ses premiers préludes
    Trouve un écho dans votre cœur !

Merci ! ces pauvres fleurs, si débiles encore,
Avaient besoin, hélas ! pour s'ouvrir, pour éclore,
Comme le lis des champs, le bluet des sillons,
D'une fraîche rosée et d'une brise douce,
D'un soleil bienfaisant séchant leur lit de mousse,
    Et les dorant de ses rayons.

Vous leur avez donné cette vigueur, Madame,
En leur consacrant seule un doux chant de votre âme.
Elles puisent la vie à l'éclair' de vos yeux,
Et si jamais un jour ces fleurs jeunes et frêles,
Perçant l'obscurité, deviennent immortelles,
C'est qu'elles ont reçu le rayon de vos cieux.

          F. BARGHON DE FORT-RION.

LA ORACION (CLOCHE DU SOIR)

OU L'ANGELUS EN ESPAGNE.

Dorant l'immense ciel, la ville et la campagne,
    Le vaste soleil de l'Espagne
Disparaît glorieux derrière les *Sierras* ;
    La foule alors hâte ses pas,
Elle vient envahir la longue promenade
    Avec l'ombre, avec la fraîcheur,

Et tous se promenant sous cette verte arcade
    Causent gaîment avec bonheur !

Mais la cloche du soir annonce la retraite,
    Les groupes s'arrêtent alors ;
Riches, pauvres, enfants, vieillards courbent la tête
    Debout, les faibles et les forts
Se découvrent le front, se mettent en prière
    Dans un silence solennel !
A ce moment divin, Seigneur, l'Espagne entière
    Elève sa pensée au ciel !

Après quelques instants d'une oraison mentale
    Qui, pure, de tout cœur s'exhale,
Chacun se signe encore et recouvre son front,
    Gardant un silence profond ;
Puis, saluant de droite à gauche, avec franchise,
    Chacun dit enfin : *bonne nuit !*
A ses amis, à ses voisins, et sous la brise
    S'éloigne gaîment mais sans bruit...

Ah ! n'est-ce pas que c'est un exemple, pour l'homme,
    Bien sublime que celui-là
Qui montre tout un peuple, en un vaste royaume,
    Prier ensemble Jéhovah !
Interrompre sa joie au premier coup des cloches
    Pour rendre hommage à son Sauveur !
Et puis se souhaiter après *buenos noches*, (1)
    La joie au front, la paix au cœur !...

E. La Rivière.

(1) Bonne nuit.

LA VOIX DES MORTS !

1er Novembre 1856.

A l'heure où l'orient commence à se voiler,
Je suivais en rêvant le sentier solitaire ;
L'abeille regagnait sa ruche hospitalière,
Et l'oiseau dans son nid venait de s'envoler !

On sentait dans les airs une brise attiédie,
Souffle tout parfumé de la terre endormie :
La cloche du hameau, seule parlait alors,
Et sa voix redisait : Souvenez-vous des morts !

Fascinée, écoutant la voix triste et lointaine,
Je voyais au milieu des bois et de la plaine
L'ombre des trépassés se glisser lentement !
Recueillie en mon cœur, je disais tristement :

Venez-vous visiter les champs et les villages
Où se sont accomplis vos rapides voyages ?
Venez-vous y chercher le souvenir des pleurs,
Des fêtes, des plaisirs, ou des grandes douleurs ?

La fumée en sortant du toit de la chaumière,
Se dissipe soudain aux rayons de lumière !
    Comme elle vous êtes partis,
    Et vous êtes évanouis !

Vous dormez maintenant sur la couche mystique
Et vous pouvez chanter le céleste cantique !
Plus de chagrins pour vous, plus de soucis amers,
Dieu vous a délivrés, l'ange a brisé vos fers !
Vous voyez les soleils, les plaines infinies ;
Vous entendez vibrer la harpe des génies !

Parlez-moi de ce ciel ! de ces pays nouveaux,
Que vous avez trouvés en quittant vos tombeaux !
Découvrez à mes yeux ce séjour de mystère ;
Mon esprit fatigué des ombres de la terre
Aspire à voir briller la céleste clarté !

Sans murmure souffrons notre captivité !
Car l'exil sera court ! le temps fuit... voici l'heure
Où nous irons revoir la divine demeure,
Et d'autres, à leur tour, écouteront alors,
La voix qui redira : Souvenez-vous des morts !

Clotilde JANTET.

LE FANTOME A TABLE.

BALLADE.

A M. Victor Massé.

I.

Les chevaliers du joyeux verre
Sont rentrés tard au vieux castel,
Revenant de porter en terre
Jean, mort d'un jeûne accidentel.

    A pleine coupe,
    Ou sert la soupe
    Pour cette troupe
    Encore à jeûn.
    Sans intervalle,
    Chacun avale,
    Car la faim-valle
    En prit trop d'un !..

Le bruit des fourchettes,
Les cris, les transports,
Aux sombres couchettes,
Réveillent les morts.

II.

Jean l'enterré, quittant la fosse,
Vole où l'on dine.... « Vous dînez !
« Sans moi, dit-il?... » et, dans la sauce,
La peur fait tomber tous les nez.....

« Eh ! quoi, replique
« Jean famélique ?
« Vins-je, œil oblique,
« Casser les plats ?
« Ça ! qu'on s'amende !
« Troupe gourmande
« Je vous demande
« Part aux galas !

« A l'hôtel suprême
« Où je fus conduit,
« On ne m'a pas même
« Offert un biscuit !...»

III.

Ce cri de jeûneur en détresse
Fait redresser tous les museaux ;

Au pauvre spectre on s'intéresse :
— Il n'a plus, grand Dieu ! que les os !

    Foin de la diète !
    Vite une assiette,
    Une serviette,
    Un verre aussi !
    La dinde est belle !
    Te convient-elle ?
    — J'en prendrai l'aile....
    Assez !... merci !....

Feu Jean, qui veut mordre,
N'y peut parvenir :
La mort lui donne ordre
De s'en abstenir !....

IV.

Il se convainc, fourchette basse,
Qu'inutile épicurien,
Le meilleur vivant qui trépasse,
Effraie à table... et n'y vaut rien....

    Las ! sa bédaine,
    Qui fut si pleine,
    N'est plus à peine
    Qu'un ballon creux !
    Faute d'entrailles,
    Plus de ripailles !
    Adieu, volailles,
    Vins généreux !

Sous l'herbe qui pousse,
(C'est dur à penser !)
On n'a que son pouce,
Son pouce à sucer !....

V.

— Sois philosophe ! qui dort dîne !
Retourne au souterrain dortoir !
— Oui, désormais, c'est ma cantine !..
Mes chevaliers, adieu !... bonsoir !...

    Jean se retire ;
    Mais, ô martyre !
    Le rôt l'attire
    Incessamment.
    Et, parasite
    Sans réussite,
    Il fait visite
    Au mets fumant.

« C'est insupportable,
« Dit alors chacun !
« Cherche une autre table,
« Tantale importun !.... »

VI.

— « Ah ! c'est ainsi, mes camarades !
« Eh ! bien ! courant des festins faux,

« Vous me suivrez, par cavalcades,
« Sur des carcasses de chevaux !

« En route ! en route !
« La mort m'écoute :
« Voici la goutte
« Qui fond sur vous !.....»
O prophétie
Trop réussie !
L'apoplexie
Les rafla tous !....:.

Et tout ce monde erre,
Ayant soif et faim......
Et du joyeux verre
Telle fut la fin.

Prosper DELAMARE.

L'ANGE ET LA PERLE.

A M. Sam.

C'était par un midi du soleil d'Orient.
Le calife Haraoun de chaleur défaillant
    Se laissa choir sur ses pelouses ;
Tristes gazons mourants des jardins altérés
Que dans Bagdad, sa ville aux minarets dorés,
    Dévoraient les ardeurs jalouses.

A peine son turban, comme il fermait les yeux,
Eut-il touché le sol... que, d'un cri dédaigneux
    Ainsi qu'à quelque approche immonde,

Tressaillit tout-à-coup la perle du croissant,
Symbole impérial au front du Très-Puissant.
    Une perle... à payer un monde !

Mais aussi, jugez donc à quoi pensait Allah ?
Horreur !... oui, côte-à-côte... horreur ! elle était là
    Près d'une goutte de rosée,
Qui tremblottait au bout d'un brin d'herbe chétif
Appelant un peu d'eau sur le germe inactif
    De son existence épuisée...

— « Ah ! quel affront pour moi, dit la perle-trésor,
Pour moi qu'on acheta dix mille besans d'or
    Et qu'admire l'Asie entière !
Pour moi qui des croyants pare le commandeur !
Pour moi dont l'éclat pur brave, dans sa splendeur,
    Le temps qui de tout fait poussière ! »

La goutte de rosée humble et confuse, hélas !
Entendit bien l'insulte et ne répondit pas
    Un mot à ce dédain superbe ;
Mais le long de la tige on la vit qui courut
Humecter la racine où son eau disparut
    En sauvant le petit brin d'herbe.

Alors survint des cieux l'archange favori
Dont l'amour protecteur la changeant en houri,
    L'emmena vers Dieu qui la garde.
Quant à la noble perle, idole du palais,
Elle eut beau chatoyer de ses plus vifs reflets :
    L'ange d'Allah n'y prit pas garde !

                  Hipp. Guérin de Litteau.

A LA PORTE DU CIEL.

Elle était belle autant que le ciel d'Italie ;
Pure, autant que le lis éclos depuis un jour ;
Mais elle avait le mal de la mélancolie...
Dieu devait la ravir au terrestre séjour.

Depuis un mois, sa mère, à son chevet penchée,
La voyait lentement pâlir, s'étioler,
Pareille à cette fleur, de l'arbre détachée,
Que le vent froid d'avril serait venu brûler.
Pauvre mère ! un matin, ouvrant à l'espérance
Un cœur désespéré, jusqu'au pied des autels
Elle alla demander la fin de sa souffrance
Au Dieu qui récompense et punit les mortels.

— Sa fille reposait doucement sur sa couche,
Et parfois on eut dit qu'au ciel elle rêvait :
Puis un léger sourire expirait sur sa bouche.
Quel était le chemin qu'en songe elle suivait ?

« Mon Dieu disait la mère, à genoux prosternée,
« Vous qui dûtes, un jour, contempler la douleur
« De notre mère à tous, me voici consternée :
« Je tremble pour ma fille ; empêchez un malheur.
« Oui, sauvez mon enfant, j'ai besoin de sa vie.
« Sans elle que ferais-je ici-bas, Dieu puissant ?
« Ma fille, mon seul bien, pourrait m'être ravie !...
« Non, non ! à ma douleur soyez compatissant.

— Et, tandis que vers Dieu s'élevait sa prière,
L'enfant dormait toujours d'un étrange sommeil ;

Et l'on aurait pu voir se crisper sa paupière
Comme pour fuir l'éclat d'un trop brillant soleil.

« Intercédez pour nous, sainte Vierge Marie ;
« Je viendrai vous offrir une couronne d'or :
« Puis, tous les ans, ma fille ira dans la prairie
« Cueillir pour vos autels un abondant trésor.
« Mais si, malgré mes vœux, mes chagrins, mes alarmes
« La mort doit emporter l'objet de mon amour,
« Ne m'abandonnez pas dans ce vallon de larmes ;
« Que mère et fille au ciel montent le même jour.

— Et la mère, à ces mots terminant sa prière,
Retourna, frémissante, auprès de son enfant.
Elle dormait encor ; mais, r'ouvrant la paupière,
La malade lui dit d'un air tout triomphant :

« Mère, viens écouter un récit bien étrange :
« Pendant que je dormais, autour de mon chevet
« Des anges sont venus ; et groupant leur phalange,
« Ils m'ont dit : Dieu t'invite au céleste banquet.
« Aussitôt, de mon corps faisant sortir mon âme,
« Ils l'ont mise, en chantant, sur un trône d'or pur ;
« Puis, soudain, s'élevant légers comme une flamme,
« Il m'ont fait parcourir les plaines de l'azur.

— Sa mère l'écoutait étonnée, anxieuse,
Et son cœur n'osait plus se livrer à l'espoir.
Elle croyait sentir la main mystérieuse
Qui veut parfois sur nous étendre un voile noir.

« J'allais, j'allais toujours sur leurs ailes portée,
« A travers les soleils, et les astres éteints

« Qui roulaient à mes pieds loin de toute portée,
« Mondes, que l'œil mortel n'aura jamais atteints.
« Et plus je m'élevais dans la sphère infinie,
« Moins de la terre en moi vivait le souvenir ;
« Et, comme si l'idée était de moi bannie,
« J'ignorais le présent, le passé, l'avenir.

— Et la mère, éperdue, écoutait la parole
Qui dévoilait ainsi l'infini, l'inconnu ;
Et ses yeux crurent voir resplendir l'auréole
Autour du front d'un ange ici-bas retenu.
« Enfin, une clarté, mille fois plus brillante
« Que celle du soleil, rayonna devant moi.
« Alors, ô pauvre mère, en ces lieux défaillante,
« A la porte du ciel, je me souvins de toi.
« J'eus peur de te quitter, et, me sentant navrée,
« Je m'écriai : Seigneur, ne m'ouvrez pas les cieux ;
« Je veux revoir ma mère ; à la douleur livrée,
« Elle ne m'a pas dit ses suprêmes adieux !

— Et la mère et la fille, avec force enlacées,
Ne semblant plus tenir à ce monde mortel,
Demeurèrent ainsi quelque temps embrassées,
Comme pour mieux monter ensemble vers le ciel.

« A peine eus-je poussé ce long cri de détresse,
« Qu'une voix s'entendit : — Ministres de la mort,
« Ramenez cette enfant sur terre : qu'on se presse ;
« De longs jours d'avenir embelliront son sort.
« Par ses vœux et ses pleurs sa mère l'a sauvée.
« Oui, mère, ta prière a touché le Seigneur.
« Bonheur ! j'allais te perdre, et je t'ai retrouvée...
« Tiens, je n'ai plus de mal... je le sens à mon cœur.

— Et quelques jours après, sur l'autel de Marie
La mère déposait une couronne d'or,
Et près d'elle, sa fille, entièrement guérie,
De fleurs et de parfums offrait un vrai trésor.

S. Barraguey.

A MADEMOISELLE MARIE DE D.

(1855.)

Enfant, pour qui le ciel n'oublie
Aucun des biens, des charmes vrais ;
Fille d'une mère accomplie
Dont vous aurez l'âme et les traits ;

Sa bienveillance naturelle
Encouragea mes premiers vers,
Et, comme un hommage pour elle,
Les derniers vous seront offerts...

Par malheur aujourd'hui ma Muse
Va commettre le contresens,
En cette faute sans excuse
D'attrister un peu vos douze ans....

— Ce reste d'un vieil apanage
Qui s'est restreint de choc en choc ;
La résidence moyen-âge
Qu'on nommait le château du Coq ;

Ce manoir où Dieu vous fit naître,
Où rit votre jeune gaîté,
Asile encor presque champêtre
Au sein de la grande cité ;

Ces jardins où couraient si vite
Vos pieds légers et vos cerceaux ;
Où vous alliez, toute petite,
Gazouiller avec les oiseaux....

C'en est fait de toutes ces choses !
Vous les perdrez dans peu d'instants ;
Tilleuls, acacias et roses,
Vous donnent leur dernier printemps.

De la verdoyante ramée,
Merle et bouvreuil seront bannis,
Et, sur la branche accoutumée,
Ne reverront jamais leurs nids...

Vous, non plus, cette cour si vaste,
Ces grands perrons, ces murs sculptés,
Où maint esprit enthousiaste
Trouvait d'artistiques beautés.

Pour voir bâtir cent réduits sombres,
Les vieux arbres, le vieux château
Vont se transformer en décombres
Sous la hache et sous le marteau.

Eût-il plus de magnificence,
Nul abri n'aura tant d'attraits ..

De ce toit de votre naissance,
Dateront vos premiers regrets.

Votre mère, encor à cette heure,
Jetant les yeux non loin d'ici,
Songe à sa natale demeure
Saccagée et détruite ainsi...

C'est que rien n'échappe aux atteintes
Du temps, qui consume nos jours,
Et, peu soucieux de nos plaintes,
Nous emporte avec nos séjours...

C'est que, sur nos plages humaines,
A l'adieu succède un adieu,
Et que les durables domaines
Ne sont qu'au ciel, sous l'œil de Dieu.

PRÉNOM.

(1858).

M êlez au calme heureux une émotion vive ;
A la distinction, à des traits doux et fins,
R egard limpide, bleu, charme et grâce attractive ;
I nventez quelque fleur du ciel des Séraphins
E t nommez-la pour nous : Pensée, ou Sensitive.

A. COSNARD.

DIALOGUE.

Oh! que je voudrais, ma sœur,
Etre aussi grand que mon père,

Je pourrais être sapeur,
Avocat, curé, notaire,
Médecin, quel état charmant !
Chacun aime votre visite.
Oh ! que je voudrais vite, vite,
Devenir grand ?
— Moi je voudrais rester toujours petite ;
Je ne pense pas comme toi.
Veux-tu que je dise pourquoi,
Je vais te l'expliquer, mon frère,
Pourquoi je veux ainsi rester,
C'est pour pouvoir toujours monter
Sur les genoux de notre bonne mère.

Sophie BALLYAT.

MOSAIQUE.

RONDEAU.

Dans le passé mon vers tente un retour,
De nos aïeux imitons l'heureux tour,
L'esprit naïf, l'élégant badinage ;
Ressuscitons les formes d'un autre âge,
Faisons vibrer le luth du troubadour.

L'alexandrin est monotone et lourd,
Il chante mal la jeunesse et l'amour ;
Pourquoi Boileau lui rendit-il hommage
Dans le passé ?

J'aime bien mieux le rondeau vif, qui court
D'un pied rapide et gaîment fait sa cour

Sans avoir l'air de sortir d'un nuage...
Donc qu'il m'inspire au début du voyage
Que j'ose ici commencer en ce jour
Dans le passé.

VAU-DE-VIRE.

Le cidre assurément
Remonte au premier homme,
C'est le vin du Normand
Et je le bois tout comme ;
Pour un crû qu'on renomme
Si je le quitte un peu,
C'est que, blanc, rouge, ou bleu,
Le bon vin a la pomme.

TRIOLET.

Etait-il gai le triolet
Ce huitain qu'aimaient tant nos pères !
Joyeux comme un air de ballet,
Etait-il gai, le triolet !
Du temps jadis galant reflet
Il nous fait voir, sur les fougères,
Sautiller jupe et bavolet.....
Etait-il gai, le triolet !

Etait-il gai le triolet
Avec son rhythme et sa cadence !

Il chantait plus qu'il ne parlait,
Etait-il gai, le triolet !
Croit-on pas voir un feu follet
Qui dans les prés voltige et danse ?
Il plaît encor, tout vieux qu'il est...
Etait-il gai, le triolet !

ODELETTE.

Après *Belleau*, l'esprit vif,
    Et *Baïf*,
Après *Ronsard* et *Desporte*,
L'alexandrin devient roi
    Et d'effroi
L'odelette semble morte.

Le tragique seul a cours,
    Des amours
Il assombrit le poëme ;
Il lui faut — triste travers ! —
    Deux cents vers
Pour dire deux mots : Je t'aime.

L'odelette, ce bijou
    Sous *Rotrou*
Dort encore et sous *Corneille*
Réveille-toi... — mais, hélas !
    Ce n'est pas
Racine qui la réveille.

Odelette, doux écho,
    Vient *Hugo*

Qui te remet à la mode
Et te galvanise — mais,
    Désormais,
Il te sacrifie à l'ode.

Bref! qui te restaurera,
    Te dira :
« Forme légère et facile,
« Chante l'art et le printemps,
    « Les vingt ans? »
Théodore de Banville.

LAI.

Mon âme soupire,
Calme son martyre
    Un peu ;
Un mot doit suffire,
Me faut-il te dire
    Mon vœu ?
Sur moi fais luire
L'espoir — ce sourire
    De Dieu.

ACROSTICHE.

L 'acrostiche ! — autrefois le galant jouvenceau
Y révélait le nom rêvé sous les charmilles.
O Muse Lyonnaise ! ô *Muse des Familles !*
N 'y lis-tu pas un nom ? celui de ton berceau.

                    Alexandre FLAN.

Le Gérant, GAUTHIER.   Typ. d'A. Vingtrinier.

LA NAISSANCE DU SAUVEUR.

Poëte, puisqu'il faut, comme le Christ, ton maître,
Aux affronts, aux douleurs puisqu'il faut te soumettre,
Parle comme il parlait, sans colère et sans fiel.
Souris, quand tu reçois la couronne d'épines,
Et fais jaillir sur tous les paroles divines
  Que t'enseignent les voix qui descendent du ciel.

  Ecoutez!... Les voici! — Comme, en passant, la brise
Fait résonner un luth, mon âme qui se brise

Est un écho confus de leurs sons immortels.
Que la foule ici-bas le rejette ou l'accueille,
Cet écho va monter vers celui qui recueille
L'encens et les parfums brûlés sur ses autels.

— Les hommes attendaient, plongés dans la démence,
Le doux Sauveur prédit par l'oracle divin,
Or, durant une nuit, quand tout eut fait silence,
Les anges en tous lieux annonçaient sa naissance
  Aux peuples éveillés soudain.

Les pâtres et les rois, levés comme un seul homme,
Guidés par la clarté des célestes flambeaux
Vinrent pour l'adorer, sous le vieux toit de chaume,
Vers l'étable sacrée où ce roi sans royaume
  Avait des langes en lambeaux.

Sa pauvreté disait en éclatant symbole
Que la grandeur n'est pas sous de riches habits,
Que le pasteur doué de la sainte parole,
Celui qui porte au front la céleste auréole,
  Apparaît parmi ses brebis.

L'enfant prédestiné que la foule contemple
Apporte cependant un précieux trésor :
De toutes les vertus il doit donner l'exemple ;
Un jour il chassera les vils marchands du temple
  Où s'érige en Dieu le Veau d'or.

Laisse-toi conseiller par la charité sainte,
Donne à ce malheureux qui t'accoste en chemin ;

Donne, que dans les cœurs la haine soit éteinte ;
Dira-t-il à celui qui repousse la plainte
  Du pauvre qui lui tend la main.

Il montrera comment l'on aime et l'on pardonne,
En répandant partout les bienfaits sous ses pas ;
Comment, portant le poids d'une lourde couronne,
Celui qui sous les cieux soutient la terre, donne
  La force à qui prie ici-bas.

. . . .
. . . .

On n'entend plus sa voix ! — élevons donc les nôtres
Nous, qu'il aurait nommés pour être ses apôtres,
Et qui, dégénérés, n'avons que de vains chants.
Lorsque le passager jette un cri qui déchire,
N'allons pas, enlevés d'un coup d'aile au navire,
Entonner des chansons avec l'oiseau des champs.

Il est l'heure de dire aux heureux de la terre,
Aux cœurs nés généreux que l'égoïsme altère,
Et qui sont prosternés devant le Dieu du jour ;
« Pourquoi jeter tant d'or sur les vagues mouvantes !
« O riches ! s'il vous faut des choses émouvantes,
« Donnez au malheureux, vous aurez son amour. »

Misère, lèpre affreuse ! oh ! fuis ! tu défigures,
Tu souilles, tu flétris les âmes les plus pures,
Tu pâlis bien des fronts, tu trompes le destin ;
Sous tes pieds, la vertu foulée avec le vice,
Rampe sans que du ciel il vienne un vent propice,
Et meurt comme la fleur fanée en son matin !

Songez, vous qui passez de diamants couvertes,
Aux oiseaux qui n'ont pas trouvé de feuilles vertes,
Tant l'hiver est cruel et leur ciel orageux.
Mesdames, vous serez encore assez parées,
Quand vous arriverez aux fêtes préparées,
Si quelque brillant manque au nœud de vos cheveux !

Allons ! vouz qui savez si bien ouvrir les âmes,
Demandez pour le pauvre une obole, Mesdames,
Et vous n'entendrez plus ses accents douloureux.
Aux larmes vous verrez succéder le sourire...
Pour moi, je suis content en songeant que ma lyre
Vient de faire la quête au nom des malheureux.

Antoine MOLLARD.

INVITATION A LA POÉSIE.

A Mlle Amélie de G.

Belle enfant de la Louisiane,
Qui semblez, à vos dix-sept ans,
Dans nos climats que l'hiver fane,
Porter avec vous le printemps !

Toutes les qualités exquises
Dont le cœur d'un père est ravi,
Natives aussi bien qu'acquises,
En vous fleurissent à l'envi...

De ceux qui pourront vous connaître,
Peu resteront indifférents...
Mais chut ! je crains de faire naître
Par trop d'orgueil... à vos parents !

Que faudrait-il, jeune Amélie,
Pour nous les rendre encor plus fiers?
Pour que vous fussiez accomplie?
Rien... presque rien... faire des vers!

Remarquez bien que ce mot: faire,
Ne dit pas, m'en préserve Dieu !
Entrer dans la pédante sphère
Où se pavane maint bas-bleu ;

Mais savoir de quoi se compose
Cette langue aux accents bénis,
Qui, plus vivante que la prose,
Abonde en charmes infinis !

Afin qu'on l'apprécie et l'aime,
Ce langage de peu d'élus,
Il suffit de l'avoir, soi-même,
Parlé quinze ou vingt fois, au plus.

Ah ! les règles n'en sont pas rudes
A vous inspirer de l'effroi,
Et c'est un complément d'études
Indispensable, suivant moi.

Aussi, voyez comme on s'exerce
Autour de vous, dès qu'on grandit!
Votre frère entretient commerce
Avec *Apollon,* comme on dit.

Il célèbre en images riches
Ses maîtres, qui de lui sont fous ;
Il façonne des acrostiches,
Meilleurs que le mien, ci-dessous !...

Dans ses débuts, je complimente
Votre cousine au vol prudent,
Colombe ainsi que vous charmante...
Née en Europe, cependant !...

Imitez donc un si beau zèle !
Courage ! et fût-ce en bouts rimés,
Fêtez d'abord, Mademoiselle,
La mère que tant vous aimez !

Pour elle, nature choisie,
Vos vers naîtront selon nos goûts...
On est en pleine poésie
Avec elle... comme avec vous !...

Puis, sur la fable ou sur l'histoire,
Sur vos craintes ou vos projets,
D'invention ou de mémoire,
Vous broderez quelques sujets.

Connaissant déjà la coutume
De marier l'ombre aux rayons,
Vous donnerez à votre plume
Tout le talent de vos crayons...

Et l'on verra la jeune Muse,
En mètres courts, longs ou moyens,
De ses propres succès confuse,
Charmer nos loisirs et les siens.

PRÉNOM.

A peine elle fleurit au jardin de beauté ;
M ais déjà dans son port, dans sa fraîche corolle,
E clatent, par culture et par hérédité,
L 'élégance française et la grace créole...
— gnorant son attrait, ses suaves couleurs,
E lle plaît, comme font les véritables fleurs.

A. Cosnard.

NOEL.

Voici la Noël !
Chrétiens, en prière !
Les anges du ciel
Auprès du saint Père
Disent, dans les cieux,
Leurs pieux cantiques.
Sous les saints portiques,
Chantons avec eux.

Mettez, blonds enfants,
Dans la cheminée
Vos beaux souliers blancs
Servant chaque année ;
Le petit Jésus
A ses poches pleines,
Il a des étrennes
Pour tous ses élus,

Voici la Noël,
La cloche qui tinte
Redit au mortel
Voici l'heure sainte
Où l'abandonné
Voit dans sa misère
Descendre sur terre
Le Dieu nouveau-né !

Chantons à la ronde,
Car il vient du ciel
Le sauveur du monde
Voici la Noël !

Alphonse BARALLE.

A MA PETITE COUSINE.

Jeanne Marguerite Ovise-Chervin.

Petite Jeanne, un lutin qui babille,
   Que sa maman gâte toujours,
   Nous promet d'être bien gentille,
   D'être bien sage... beaux discours !

Cette promesse est digne de louange :
   Mais si Jeanne allait la trahir !
   Qu'il serait triste, son bon ange,
   En la voyant désobéir !

Il n'irait plus, ce bon ange qui l'aime,
   Les mains jointes avec ferveur,
   Pour elle à la bonté suprême
   Demander faveur sur faveur ;

Morne et cachant son front entre ses ailes,
   Il n'irait plus, tout triomphant,
   Inscrire, aux pages éternelles,
   Le doux nom de sa chère enfant...

Rassurons-nous ! Jeanne tiendra parole ;
   Bon naturel jamais ne ment.
   Elle sera sage à l'école,
   Et même sage constamment.

Et son bon ange et la Vierge si bonne,
   A douze ans, comblant tous ses vœux,
   Tresseront la blanche couronne,
   Qui doit orner ses blonds cheveux.

Chervin aîné.

TABLE DES MATIÈRES

AVEC LES NOMS ET RÉSIDENCES DES AUTEURS.

Adenis (Jules), à Paris.
La Wilna du Gué	99
Sous les Epis	175

Audiat (Louis), à Chinon (*Indre-et-Loire*).
La Mort	332

Audiot (Louis).
Courage	116

Ballyat (Sophie), à Lyon.
Le Pater	78
Une Mère comme il y en a peu	81
Pour une Distribution de Prix	174
Conte espagnol	234
L'Eglise de Moutonne (Jura)	328
Dialogue	364

Baralle (Alphonse), à Paris.
Le Convoi d'une Mère	44
Dodo, Ninette	69
La Fête du Curé	264
Noel	375

Barateau (Emile), à Paris.
Jadis et Aujourd'hui	138
Frère et Sœur	167
Simple Question	268
Aux Iles Sainte-Marguerite	318

Barchon de Fort-Rion (F.), à Paris,
A Madame Hermance Lesguillon	348

Barraguey (Sidoine), à Paris.
Sur un Hanneton mort	30
La Sœur du Pêcheur	49
Le Zouave Trapiste	76

L'Empire du Marin................................. 129
A Monsieur Alexandre Cosnard 218
Histoire contemporaine............................. 273
A la Porte du Ciel 359

Beauverie (J.-E.), à Lyon.
L'Idéal.. 83

Blot (Sylvain), à Paris.
La Montagne 207

Berlot-Chapuit, à Villefranche *(Rhône)*.
La Pendule... 13
La Poule et ses Poussins............................ 161
Le Fat... 230
Le vieux Chaume.................................... 257
Il est si doux d'aimer............................. 331
Le Site ombreux.................................... 337

Bion (l'abbé), à Lormes *(Nièvre)*.
Sonnet... 125

Boeuf (Joseph), à Lyon.
La Rose.. 221

Boiron (Simon), à Bourg-St-Andéol *(Ardèche)*.
A Monsieur Joseph Carsignol........................ 313

Boniface, à Lyon.
Le petit Père André................................ 95

Bouclier, à Lyon.
Le Troubadour 204

Carsignol *(Joseph)*, à Bourg-Saint-Andéol *(Ardèche)*
Le Bénédicité 117
Job.. 209
Réponse à Monsieur Simon Boiron.................... 314

Champly, à Mâcon *(Saône et Loire)*.
La Foi, l'Espérance et la Charité.................. 345

Catelin (Adolphe), à Paris.
Marine... 346

Chervin aîné, à Lyon.
A ma petite Cousine................................ 376

Cosnard (Alexandre), à Paris.

A Emile Deschamps	34
A Monsieur Paul Juillerat	62
Elan de Jeunesse	136
Acceptation	198
A Sidoine Barraguey	312
Fo Miss Sophia M***	341
A Mademoiselle Marie de D.	362
Invitation à la Poésie	372

Daclin (Karl), à Paris.

Ecole Buissonnière	74

Darmet (E.), à Lyon.

Mes Bœufs si forts	17
Le Naufragé	108

De Beaumefort (Victor), à Lyon

Hymne du Matin	278

De Charny (Vicomte de), à Charny (Yonne).

Les Aspirations	5
Les Roquets	68
Consolation	89
L'Enfant et la Rose	159
Portrait de l'Envie	177
La chanson des Blés	232
Le Bénédicité	272
Musique	289
Vie Eternelle	324

Delamare (Prosper), à Paris.

Les Rides invisibles	10
Accusé de réception	51
La Forêt Vierge	79
Testament d'Avare	142
Assignation à dîner	196
Scène de l'Invasion	228
Vous et ma Fille	254
Fête Maternelle	304
La Gloire	326
Le Fantôme à table	353

Delteil (Emile), à Paris,

Le Fauteuil et la Chaise	47
A la Mémoire de Bouclier	217
Les Amis inconnus	301

Deschamps (Emile), à Paris.

A Alexandre Cosnard	50
A quelques Poètes	178
L'été de la Saint-Martin	340

Desenne (Henri), à Paris.

Près d'un Ruisseau	282

Devert (Charles), à Lyon.

Noël	8
La Mort du Juste	72
Paraphrase de l'Oraison dominicale	219

Du Moulanger (Pierre), à Lyon.

Ennui	206

Dupuy (P.), à Gap.

La Foi et l'Espérance	179

Flan (Alexandre), à Paris.

L'Antichambre de la Mort	11
A Monsieur Abel de Pujol	24
Pour les Enfants du pauvre	54
Le Barbier	65
Les Contemplations	202
Le Chapelet bénit	271
Réponse à Monsieur Emile Delteil	321
Mosaïque	365

Forest (Jules), à Lyon.

A la Mémoire de Madame Veuve Guérin	333

Fournier (P.-B.,) à Paris.

La Prière des petits Enfants	36
La Pièce d'or	124

Garnier (Honoré), à Toulon *(Var)*.

A Mademoiselle P.	327

Gébauer (Ernest), à Paris.
La Cloche du Soir 14

Gras (Louis), à Dieu-le-Fit *(Drôme)*.
Les Veillées d'Autrefois.. 155
Pour une autre Madelaine 234

Gontier (Léon), à Hauterive *(Drôme)*.
Epitaphe pour une petite Fille....................................... 10
Les premières Neiges... 55
A Madame Louise F... 68
La Lanterne de Diogène.. 101
Au Rossignol... 221
La Grande-Chartreuse.. 290

Griffoni (Ernest), à Lyon.
Le Vieillard et l'Enfant... 57

Guérin de Litteau (Hipp.), à Paris.
Petit Méchant... 33
Reviens, ma Chevrette 71
Il était deux Orphelines 85
Mes premiers Cent Sous... 169
Le vieux Garçon... 248
L'Ange et la Perle.. 357

Guérin (Alexandre), à Paris.
L'Aveugle et le Chien... 281

Hurault, à Nevers *(Nièvre)*.
Le Coursier du XIXe Siècle... 111

Jantet (Clotilde), à Lyon.
Jean et Martin.. 12
A la *Muse des Familles* 97
A Mademoiselle Sophie Ballyat..................................... 182
La Foi.. 299
La Voix des Morts 351

Juillerat (Paul), à Paris.
Le Malheur 19

Kuntz de Rouvaire, à Charny *(Yonne)*.
Coup de Plume... 99

La Bonnardière (J.), à Cremieu *(Isère).*
Le Château delphinal de Crémieu........................... 113

Lagarrigue (Fernand), à Beziers *(Hérault).*
Un Dîner de Notaire 270

Laloy (G.) à Pont-de-Vaux *(Ain).*
A Monsieur le Rédacteur de *La Muse des Familles* 133
A mon Pays... 258

Lange (l'abbé), à Pellegrue *(Gironde).*
L'Araignée et le Ver à Soie 23
Le Missionnaire.. 153

La Rivière (E.), à Paris.
Le Baiser du Soir. (C'est par erreur que cette pièce est signée
    E. La Rion.) 276
La Oracion... 349

Lesguillon (Hermance), à Paris.
Le Christ. 342

Mallerange (Elise), à Paris.
Les Vœux... 41

Mansion (H.),
Amour de la Patrie... 187
Le Danube.. 307

Michel (Charles), à Lyon.
La Raison.. 109
A la Muse de la Satire 193

Mollard (Antoine), à Bourg *(Ain).*
L'Abeille au Papillon...................................... 90
La Plainte du Juif-Errant.................................. 145
Philosophie 225
Epître à mon confrère Jasmin 265
La Naissance du Sauveur 369

Monavon (Gabriel), à Bourgoin *(Isère).*
Le vieux Chêne... 86

Monmoreau fils, à Pellegrue *(Gironde).*
Le Perroquet... 137
Le Papillon et la Chandelle................................ 205
Les deux Paniers... 227

Perrin ainé, à Lyon.
A la petite Marie C.. 335

Plouvier (Edouard), à Paris.
Chant d'Hiver... 9
Le Prophète Élie.. 241

Pourrat (J.B.) à Ebreuil *(Allier)*.
Epître de mon Fils à sa petite Cousine................................. 126
La Prière de mon Mimi... 190

Poussin (Adolphe), à Joigny *(Yonne)*.
La Nuit.. 165

Ravet, à L'Huis *(Ain)*.
Sur le Suicide.. 141

Rénal (Cl.-Antony), à Lyon.
Le Bonheur aux champs.. 45

Renaud (Armand), à Paris.
Stabat Mater.. 164

Reymond, à Lyon.
Les trois Sœurs... 230

Saint-Jean d'Heurs, à Joigny *(Yonne)*.
Le Feu.. 134

Saint-Olive (Paul), à Lyon.
Mes excuses auprès de ces Dames....................................... 27
L'Idée.. 77
Epître à la Sœur***... 92
Epître à la Sœur*** 104
A Monsieur Charles Michel... 194
Plainte d'une Jeune Fille... 235
Epître à Madame Anaïs Ségalas... 295

Ségalas (Anaïs) à Paris.
Les Petites Fortunes.. 249

Sémur (René), à Lyon.
Joseph Bœuf... 298

Solary (Lucien), à Lyon.

Le Pasteur du village	43
Le Mondain repentant	154

Tourte (Francisque), à Paris.

L'Horticulteur et le Baromètre	29
Le Curé d'Aulnois	173
Marine	237
L'Oncle aux gros sabots	305

Vial, à Lyon.

Le Chien d'Aveugle	183

Vignat (A.), à Lyon.

Hymne à la Vierge	59
Cantique de Judith	147
A Monsieur Lays	285

Vingtrinier (Aimé), à Lyon.

Le Coursier	31
Chant d'Attala	63
Le chevalier et le Rossignol	91
Le dernier Abencerrage	157
Les Fées	239
A un Architecte	256

Vol (Adrien), à Lyon.

Pour les Pauvres	150

Le Gérant, Gauthier. Typ. d'A. Vingtrinier.

www.ingramcontent.com/pod-product-compliance
Lightning Source LLC
Chambersburg PA
CBHW070436170426
43201CB00010B/1118